BERLITZ

COSTA BRAVA

Herausgeber: Redaktion des Berlitz Verlags

Copyright © 1991, 1977 Berlitz Verlag AG,
Avenue d'Ouchy 61, 1000 Lausanne 6, Schweiz.

Alle Rechte vorbehalten, insbesondere das Recht der Vervielfältigung und Verbreitung sowie der Übersetzung. Ohne schriftliche Genehmigung des Verlags ist es nicht gestattet, den Inhalt dieses Werkes oder Teile daraus auf elektronischem oder mechanischem Wege (Fotokopie, Mikrofilm, Ton- und Bildaufzeichnung, Speicherung auf Datenträger oder ein anderes Verfahren) zu reproduzieren, zu vervielfältigen oder zu verbreiten.

Berlitz ist ein beim U.S. Patent Office und in anderen Ländern eingetragenes Warenzeichen.

Printed in Switzerland by Weber S.A., Bienne.

Ausgabe 1992 / 1993

Aktualisiert oder überarbeitet 1991, 1990, 1988, 1986, 1985, 1983, 1982, 1980, 1979

COSTA BRAVA

Wichtiges auf einen Blick

- Einen ersten Eindruck von Land und Leuten erhalten Sie in den Kapiteln Die Costa Brava und die Katalanen, Seite 6, und Geschichtlicher Überblick, Seite 10.
- Die Sehenswürdigkeiten werden auf den Seiten 17 bis 72 besprochen. Was Sie unserer Meinung nach unbedingt sehen sollten, ist am Rande mit dem Berlitz Symbol gekennzeichnet.
- Sport- und Unterhaltungsmöglichkeiten, Einkaufstips und Tafelfreuden stehen auf den Seiten 73 bis 97.
- Nützliche Informationen und Hinweise für die Reise finden Sie ab Seite 98.
- Und möchten Sie ganz schnell eine Einzelheit wissen, schlagen Sie im Register auf den Seiten 126 bis 128 nach.

Alle Informationen in diesem Reiseführer sind sorgfältig recherchiert und überprüft worden, erfolgen aber ohne Gewähr. Der Verlag kann für Tatsachen, Preise, Adressen und allgemeine Angaben, die fast ständig von Änderungen betroffen sind, keine Verantwortung übernehmen. Berlitz Reiseführer werden regelmäßig auf den neuesten Stand gebracht, und die Redaktion ist für Berichtigungen, Hinweise und Ergänzungen dankbar.

Text und Fotos: Ken Welsh; Foto S. 70: PRISMA/Etienne
Deutsche Fassung: Walter Stegemann
Gestaltung: Doris Haldemann
Wir danken dem Spanischen Fremdenverkehrsamt und Mercedes Martín Bartolomé für ihre Hilfe bei der Vorbereitung dieses Reiseführers.
Kartografie: Falk-Verlag, Hamburg, in Zusammenarbeit mit Cartographia, Budapest.

Inhalt

Die Costa Brava und die Katalanen	6
Geschichtlicher Überblick	10
Von Ort zu Ort	17
Der Norden	18
Von Roses bis Palamós	31
Der Süden	43
Girona – Hauptstadt der Costa Brava	54
Die Straße nach Andorra	59
Barcelona	67
Was unternehmen wir heute?	
Sport und Erholung	73
Stierkampf	78
Flamenco, Sardana	80
Einkaufsbummel	82
Ferias und Fiestas	86
Anderweitige Unterhaltung	88
Tafelfreuden	90
Berlitz-Info	
Reiseweg und Reisezeit	98
Mit soviel müssen Sie rechnen	101
Praktische Hinweise von A bis Z	102
Register	126
Karten und Pläne Übersicht	6
Costa Brava	18
Portbou bis Empuria-brava	25
L'Escala bis Palamós	32
Palamós bis Blanes	44
Die Altstadt von Girona	54
Girona bis Andorra	60
Stadtzentrum von Barcelona	66

Die Costa Brava und die Katalanen

Wenn jemals ein Streifen unserer Erde mit allen Schönheiten gesegnet wurde, dann sicher die Costa Brava. Am Mittelmeer gelegen und im Norden vom Bergwall der Pyrenäen geschützt, finden sich hier herrliche Sandstrände, versteckte Buchten, küstennahe Inseln, malerische Fischerhäfen und imposante Burgen, in deren Rücken sich eine eindrückliche Bergwelt erhebt. Dieser ganze Landstrich ist auch klimatisch sehr begünstigt. Er ist als Teil der katalanischen Provinz Girona eine historische Gegend mit unzähligen Kunstdenkmälern, prachtvollen Kathedralen – und dem besten Skigebiet Spaniens.

Schon die seefahrenden Katalanen nannten diese Küste *brava* (wild) und meinten damit die zerklüfteten, im Winter oft von Stürmen umtobten Klippen, die steil ins Meer abfallen. Doch erst 1908 bezeichnete der einheimische Dichter Ferrán Agulló die ganze Gegend vom

französischen Banyuls bis zur Flußmündung des Tordera offiziell als »Costa Brava«.

Um sich zu überzeugen, wie wildromantisch diese Gegend ist, genügt eine einstündige Küstenfahrt um die Klippen im nördlichen oder südlichen Teil. Denken Sie aber nicht, Sie hätten jetzt alles gesehen: unzählige verborgene Schönheiten bleiben noch zu entdecken…

Kein Katalane wird Sie darüber im Zweifel lassen, daß in Spanien ganz verschiedene, eigenständige Völker unter der gleichen Flagge leben.

Zunächst mag Ihnen die Sprache auffallen. Die Bewohner Gironas und der drei anderen katalanischen Provinzen sind nämlich zweisprachig. Sie sprechen das im Lateinischen wurzelnde Katalanisch ebenso gut (oft besser) wie Kastilisch, die Landessprache. Das Katalanische und seine Dialekte spricht man von den französischen Pyrenäen bis Valencia, auf den Balearen und in einigen Gegenden Sardiniens – ein Zeugnis der Herrschaft Kataloniens im Mittelalter. Katalanisch ist heute neben Kastilisch zugelassene Amtssprache in Katalonien.

Es ist leicht zu erkennen, daß

die Katalanen ein eigenes Volk sind, das sich ebenso von den Andalusiern und den Basken unterscheidet wie die Bayern und die Friesen von den Rheinländern.

Die Katalanen sind stolz auf ihre eigene Geschichte und Kultur und, entgegen dem spanischen Klischee, dynamisch, sehr sparsam und fleißig, alles Eigenschaften, um deretwegen man sie in den anderen Gegenden Spaniens als gewinnsüchtig und unnachgiebig bezeichnet. Vielleicht erklärt aber gerade diese Eigenwilligkeit, warum Katalonien – wo europäische und iberische Traditionen aufeinandertreffen – in den letzten 100 Jahren die bedeutendsten spanischen Künstler hervorgebracht hat: die einheimischen Joan Miró und Salvador Dalí sowie den hinzugezogenen Pablo Picasso, den

genialen Architekten Antoni Gaudí und den Musiker Pablo Casals.

Die Musik spielt im Leben der Katalanen eine große Rolle. Sie singen in Chören, spielen in Orchestern und tanzen die *sardana*. Dieser alte, graziöse Reigentanz ist für die Katalanen so wichtig wie für die Andalusier der Flamenco. Zur *sardana* können sich beliebig viele Personen die Hände geben und, ob jung oder alt, zu eigenwilligen – bald fröhlichen, bald schwermütigen – Melodien auf Straßen und Plätzen tanzen.

»Der geschlossene Kreis der *sardana* symbolisiert unsere Einheit anderen Völkern gegenüber«, lautet eine katalanische Erklärung für diesen Volkstanz. »Wenn aber irgend jemand, und sei es ein Fremder, den Kreis berührt, öffnet er sich und nimmt ihn auf. Das ist unser Symbol dafür, daß wir jeden willkommen heißen, der uns verstehen will.«

Ihr Wunsch, die Katalanen zu verstehen, kann von der wild-dramatischen Landschaft der Costa Brava nur noch erhöht werden. Aber denken Sie daran, wenn Sie die schönen Ausblicke, das herzhafte Essen und den Wein genießen, wenn Sie die archäologischen Ausgrabungsstätten, die Kirchen und die Kathedralen besuchen und wenn Sie Sport treiben, sich ins Nachtleben stürzen oder einen Einkaufsbummel machen: Das Land gehört nicht Ihnen – die Katalanen waren vor Ihnen da...

In einer solchen Umgebung werden Sie es auch gemütlich nehmen (links). *Die Costa Brava bei Tossa – jetzt verstehen Sie auch, warum sich die Straße so schlängelt...*

Geschichtlicher Überblick

Unter Steinen, Sand und Erde der Costa Brava liegen die Schätze der Geschichte. Mühevoll haben die Archäologen Stück um Stück ausgegraben und neues Licht in die Urgeschichte Kataloniens gebracht. Einer der größten Erfolge war die Ausgrabung der übereinanderliegenden griechischen und römischen Städte in Empúries (Ampurias). Landeinwärts von L'Estartit fanden sie außerdem die aus dem 5. Jh. v. Chr. stammende keltiberische Siedlung Ullastret. Die Keltiberer gingen aus den über die Pyrenäen eingedrungenen Kelten, die sich allmählich mit den ersten Bewohnern Kataloniens, den Iberern, vermischt hatten, hervor.

Lange vor Christi Geburt hatten sich Phönizier und Griechen an der Küste Kataloniens niedergelassen und Handel getrieben. Erste bleibende Spuren hinterließen die kriegerischen Karthager, die Erzrivalen der Römer. Hannibal, Karthagos größter Feldherr, betrachtete Katalonien als Tor zum Sieg. Er zog mit seinen Elefanten 219 v. Chr., während des Zweiten Punischen Krieges, durch die heutige Provinz Girona, in der Absicht, Rom zu erobern. Das mißglückte, und die Römer begannen, die Halbinsel in ihr sich ausdehnendes Reich einzugliedern. Um 20 v. Chr. fiel mit Galicien der letzte Teil der Halbinsel, die alsdann römische Provinz wurde.

Rom brachte politische Stabilität und eine hohe Kultur nach Spanien. In den 600 Jahren ihrer Herrschaft bauten die Römer Städte und Straßen, führten die Regierung, schufen Gesetze und trugen mit dem Latein zur Entstehung der spanischen und katalanischen Sprachen bei. Aber auch die Kolonie bereicherte Rom, so mit dem Philosophen Seneca, dem Dichter Martial und den Kaisern Trajan und Hadrian, die alle in Spanien geboren wurden.

Nach dem Zerfall des Römischen Reiches wurde Spanien am Anfang des 5. Jh. von Wandalen und Westgoten überrannt. Sie herrschten knapp 300 Jahre, und 711 n. Chr. erlag das Westgotenreich seinerseits dem Ansturm der Mauren. Damals fiel auch die heutige Costa Brava unter ihre Herrschaft. Die Mauren drangen schließlich bis nach Südfrankreich vor, wurden aber 732 vom fränkischen Hausmeier Karl Martell bei Poitiers zurückgeschlagen.

Obwohl die Mauren ihre Religion und eine hochentwickelte Kultur nach Spanien brachten, wurden sie von den Christen immer als Eindringlinge betrachtet, und der Kampf gegen den Islam dauerte über 700 Jahre.

Zwischen 795 und 811 eroberte Karl der Große das Gebiet von Girona und Barcelona zurück und errichtete die sogenannte Spanische Mark. Sie sollte als Pufferzone zwischen den feindlichen Christen und Mohammedanern dienen. Unter der heldenhaften Führung Graf Wilfrieds des Haarigen gewann Barcelona 878 die Freiheit. Graf Wilfried, der Karl den Kahlen gegen die Mauren unterstützte, wurde schwer ver-

Die Katholischen Könige Ferdinand und Isabella führten 1492 die Vereinigung Spaniens herbei.

wundet und erbat sich angeblich als Lohn die Unabhängigkeit der Grenzmark.

Kataloniens Goldenes Zeitalter
Das Mittelalter gestaltete sich zur Blütezeit für Kataloniens Handel, Politik und Geistesleben. Graf Ramón Berenguer I.

Im Mittelalter spielte das Kloster Sant Pere de Roda eine wichtige Rolle in Katalonien.

von Barcelona erließ 1060 eine Art Verfassung, die *Usatges*. Schuf Ramón Berenguer III. (1096–1131) bereits ein katalanisches Wirtschaftswunder, so gelang doch Ramón Berenguer IV. 1137 der klügste staatspolitische Zug, die Heirat mit der Thronerbin Aragoniens. Diese Verbindung wurde zum Ausgangspunkt für die endgültige Wiedereroberung *(reconquista)* Spaniens von

den Mauren, und »Großkataloniens« Ära begann.

Im 13. und 14. Jh. erreichte sein Herrschaftsbereich spektakuläre Ausmaße, als es zwei griechische Herzogtümer und die Inselreiche Sizilien, Sardinien und Korsika annektierte. Die Handelsflotte wurde gewaltig vergrößert, und ein Seerecht entstand, während eine Gruppe fortschrittlicher Kaufleute eine Versicherungsgesellschaft für die Handelsschiffahrt gründete.

Diese Erfolge – mehr wirtschaftlicher denn militärischer Art – bildeten die Grundlage einer fruchtbaren Epoche für Kunst und Architektur. Weiträumige Kirchen mit hohen, schmalen Säulen sowie erlesene Bilder und Skulpturen sind Zeugen jener Zeit. Auch die Gelehrten und Philosophen erreichten großes Ansehen.

Es war wiederum eine Heirat, die zur Vereinigung ganz Spaniens führte. Prinz Ferrán (Ferdinand) II. von Aragonien ehelichte Isabella von Kastilien und wurde Ferdinand V. von Spanien. Nachdem sie ihr Reich zunächst gegen die Erbansprüche stellenden Franzosen und Portugiesen hatten verteidigen müssen, vollzogen sie 1479 endgültig den Zusammenschluß. 1492 fiel mit Granada das letzte maurische Königreich auf spanischem Boden. Im selben Jahr erteilten die Katholischen Könige Ferdinand und Isabella den Befehl zur Ausweisung der Juden aus Spanien und finanzierten Kolumbus' Fahrt nach Amerika. Diese und spätere Entdeckungen besiegelten ironischerweise das Schicksal Kataloniens. Seine Vormachtstellung ging, nach Streitigkeiten zwischen den Provinzen, an Kastilien über. Zu Beginn von Spaniens Goldenem Zeitalter richteten sich alle Augen auf die Neue Welt im Westen, womit das Mittelmeer einen Großteil seiner Bedeutung als Handelszone einbüßte.

Unruhige Zeiten
Der unermeßliche Reichtum, den die Schiffe der Konquistadoren von Amerika in die Heimat brachten, stärkte die Stellung der Spanischen Krone in Europa. Doch ihre Unternehmungslust beschwor auch schon den Niedergang herauf. Spaniens Gold zerrann in endlosen Kriegen in Holland und Italien. Von der demoralisierenden Niederlage der Armada, der 130 Schiffe umfassenden spanischen Kriegsflotte, die 1588 von den Engländern im Ärmelkanal vernichtend geschlagen wurde, erholte sich das Reich nie mehr.

Der spanische Habsburger Philipp IV. (1621–65), unter dessen Herrschaft Spanien 1648 die Unabhängigkeit der Niederlande anerkennen mußte, hatte in Katalonien wenig Freunde. 1640 kam es in Barcelona zu einem offenen Aufstand, der mehr als zehn Jahre andauerte. Ludwig XIII. von Frankreich anerkannte Katalonien zwar als selbständigen Staat, doch Spanien siegte 1652 zwischen Frankreich und dem übrigen Europa war –, stellte sich Katalonien auf die Seite der österreichischen Habsburger, die 1714 als Verlierer dastanden. Nach dem Sieg des Bourbonen Philipp von Anjou (Philipp V.) wurde Katalonien einmal mehr bestraft, sein Parlament aufgelöst und die katalanische Sprache in Acht getan.

Im Napoleonischen Krieg auf der Pyrenäenhalbinsel

endgültig. Erneut huldigte die Provinz der spanischen Krone, konnte aber die eigene Gerichtsbarkeit retten.

Im Spanischen Erbfolgekrieg, der 1701 nach dem Tode Karls II., des letzten spanischen Habsburgers, ausbrach – und der tatsächlich ein Kampf

Die Mauern Gironas erlebten im Laufe der Jahrhunderte 34 Belagerungen.

(1808–14), für die Spanier ein Unabhängigkeitskrieg, wurde Katalonien erneut weit zurückgeworfen. Rasch eroberten die Franzosen Barcelona, und nach neunmonatiger Belagerung sprengte eine französische Armee von 35000 Mann die Befestigungsanlagen des sterbenden Gironas. 1812 aber wurde in dem von Franzosen belagerten Cádiz die erste spanische Verfassung verkündet, und endlich gewannen die Spanier mit Hilfe ihrer neuen Verbündeten (der Engländer) ihre Unabhängigkeit.

Das 19. Jh. bescherte der Nation eine lange Reihe schwerer, zermürbender innerer Kämpfe. In Übersee erhoben sich Spaniens amerikanische Kolonien und errangen die Unabhängigkeit. 1898 gingen auch die letzten Besitzungen – Kuba, Puerto Rico und die Philippinen – endgültig verloren.

Nach einigen schweren Niederlagen seiner Truppen in Marokko stimmte der spanische König Alfons XIII. 1923 einem Staatsstreich und der Errichtung einer Militärdiktatur unter General Primo de Rivera zu. Doch weder Reformen noch die Aufrechterhaltung der öffentlichen Ordnung gelangen. 1931 begab sich der König ins Exil, die Republik wurde ausgerufen.

Die darauffolgenden Wahlen zur Nationalversammlung erbrachten eine große Mehrheit für die Linksparteien, die längst überfällige Reformen befürworteten. Während sich die konservative Opposition zu organisieren begann, erhielt Katalonien – zum erstenmal seit 200 Jahren – die Autonomie.

Der Bürgerkrieg
Die folgenden Jahre brachten Spanien Aufruhr und Wirren. Die Kluft zwischen der Linken und der Rechten wurde unüberbrückbar. Nach dem erneuten Sieg der »Volksfront« im Februar 1936 brach am 17. Juli 1936 in Marokko unter Spaniens jüngstem General, Francisco Franco, ein militärischer Aufstand aus. Internationale Brigaden kämpften auf Seiten der Republikaner – einer wackeligen Koalition von Sozialisten, Kommunisten und Anarchisten –, während sich die USA, Großbritannien und Frankreich an das Prinzip der Nichteinmischung hielten. Die von Franco angeführten Nationalisten – Falangisten, Konservative und Monarchisten – wurden dagegen durch die Panzer und Flugzeuge Hitlers und Mussolinis unterstützt.

Durch militärische Rückschläge wurden die Republikaner gezwungen, ihre Hauptstadt 1937 von Valencia nach Barcelona zu verlegen, wo sich Kommunisten und Anarchi-

sten bereits untereinander heftige Kämpfe lieferten. Von Mallorca aus wurde Barcelona wiederholt durch italienische Flugzeuge bombardiert, bis die Stadt am 29. Januar 1939 schließlich fiel. Katalonien, aufgeteilt in vier Provinzen, ging wieder in Spanien auf. Am 1. April 1939 endete ein Bürgerkrieg, der über einer halben Million Spaniern das Leben gekostet hatte.

Jüngste Ereignisse
Aus dem Zweiten Weltkrieg konnte sich Spanien weitgehend heraushalten. In den Nachkriegsjahren brachte Franco das Land mit harter Hand in Schwung. Der wenig später einsetzende Massentourismus wirkte sich tiefgreifend auf Wirtschaft und Bevölkerung aus.

Nach dem Tode des Diktators im Jahre 1975 bestieg der von ihm bestimmte Nachfolger den spanischen Thron. Zur Bestürzung der Franco-Anhänger öffnete König Juan Carlos I. der parlamentarischen Demokratie weit die Pforten. Sprache und Kultur der Katalanen blühten wieder auf, die Landesteile erhielten eine gewisse Eigenständigkeit, und auch die Aufnahme in die Europäische Gemeinschaft ist inzwischen vollzogen.

Von Ort zu Ort

Für die meisten Spanier erstreckt sich die Costa Brava von Blanes, nördlich von Barcelona, bis nach Portbou an der französischen Grenze. Für den Ferienreisenden ist das meist umgekehrt, und so beginnen auch wir unsere Rundfahrt in Portbou und begeben uns dann, abgesehen von kurzen Abstechern ins Landesinnere, auf der Küstenstraße südwärts.

Links: *Alltag in einem alten Dorf in Katalonien.* Unten: *Durch die Ausläufer der Pyrenäen windet sich die Straße ab Portbou die Küste entlang.*

Der Norden

Dort, wo Spanien und Frankreich aneinandergrenzen, fallen die gewaltigen Pyrenäen bis zum Meer hinab; und genau hier beginnt eine der eindrucksvollsten Straßen des ganzen Mittelmeeres. Sie ist 200 km lang, führt zu wilden Klippen, stillen Buchten und einer Vielzahl kleiner Dörfer mit verlockenden Sandstränden.

Kein Wunder, daß die Costa Brava einen solchen Ruf genießt. Ein tiefblaues Meer, von Schaumkronen leicht gekräuselt, stößt an Hänge mit riesigen Pinien, die wie geöffnete Regenschirme in der Landschaft stehen und scharf mit der ockergelben Erde kontra-

COSTA BRAVA

stieren. Die ungewöhnliche Farbensinfonie wird durch knorrige Olivenbäume, die *pita* (Jahrhundertpflanze) und Korkeichenwälder ergänzt.

Unmittelbar nach dem einsamen Grenzposten taucht zuerst die kleine Hafenstadt PORTBOU auf, ein Fischerort an einer schmalen Bucht, der zu Beginn des Jahrhunderts für kurze Zeit als Schmugglernest bekannt wurde. Heute schließen Autofahrer in dem braven Städtchen erste Bekanntschaft mit Spanien – und baden auch gerne in der CALA PETITA.

Nach Portbou windet sich die Straße in unzähligen Kehren durch das pyrenäische Vorgebirge Richtung Süden, bis nach 12 km LLANÇÀ erreicht

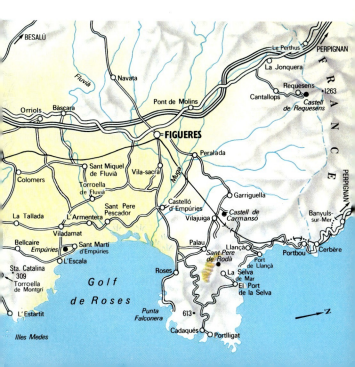

wird, das immer mehr mit seinem Hafen Port de Llançà zusammenwächst. Die Bucht, im Rücken durch von rauhen Winden kahlgefegte Berge geschützt, ist ebenso bekannt für ihre Fischer – angeblich die tüchtigsten an der ganzen Küste der Provinz – wie für ihren erdigen Wein.

Wie so oft an der Costa Brava waren auch hier in früheren Zeiten Stadt und Hafen getrennt, denn als Llançà noch ein bedeutender Hafen für Wein- und Olivenexport nach Frankreich und Italien war, wurde es häufig von Piraten angegriffen. Damals entwickelte sich auch eine blühende Marmorindustrie, wohingegen die Bewohner heute fast ausschließlich vom »Touristen-Import« leben. Der Ort, der an einer nach Norden offenen Bucht liegt, ist auch im Hochsommer angenehm kühl, und der flache Kieselstrand bietet erholsame Entspannung.

Nackte Hügel schützen 8 km weiter südlich **El Port de la Selva** vor dem rauhen Bergwind *(tramontana)*, der besonders im Winter von den Pyrenäen herunterweht. Der Name dieses Fischerdorfes bedeutet »Hafen am Wald«, und tatsächlich waren die Hügel früher so stark bewaldet, daß der Zugang nur vom Meer her möglich war. Dieser natürliche Schutz bot bereits den vorgeschichtlichen Ansiedlern Sicherheit. Man hat denn auch interessante Funde ausgegraben wie Steinmesser, Töpferwaren und, bei Punta del Pi, etwa 70 Gräber aus der Eisenzeit.

Zwischen den Fischerbooten liegen jetzt, wie Eindringlinge, Motorjachten in dem malerischen Naturhafen. Beim Anblick der von den Bergen dicht an den Hafen gedrängten Häuser werden Sie verstehen, warum das Städtchen als schönstes der nördlichen Costa Brava gilt.

Ebenso wie Llançà hat auch El Port de la Selva eine »Zwillingsstadt« etwa 2 km landeinwärts. La Selva de Mar liegt in einem kleinen Tal versteckt und ist vom Meer her nicht zu sehen Die Bewohner waren ursprünglich Bauern, und der Hafen entwickelte sich erst, als die Piratengefahr abgenommen hatte. Von hier aus (oder auch ab Vilajuiga) sollten Sie zur **Klosterruine Sant Pere de Roda** hinauffahren.

Anschließend sind es nur noch 300 bis 400 m zu Fuß bis fast auf den Gipfel des Monte Vedera in 670 m Höhe, und der Aufstieg lohnt sich auf jeden Fall. Der Anblick der ausgedehnten, befestigten Anlagen, die seit dem

9. Jh. von den Benediktinermönchen immer wieder vergrößert worden waren, die braune, trockene Landschaft und die Aussicht auf das Meer und El Port de la Selva hinterlassen einen unvergeßlichen Eindruck.

Die romanische Kirche des Klosters wurde 1022 geweiht; sie wird gegenwärtig restauriert. Das Kloster wurde im 18. Jh. von den Mönchen verlassen, doch die Ruinen der Hallen, Gänge und Zellen sind immer noch sehenswert.

Für diejenigen, die diese Gegend mit dem eigenen Wagen besuchen, beginnt bei VILAJUIGA eine recht gut ausgebaute, 9 km lange Asphaltstraße.

Der Strand am Naturhafen von El Port de la Selva gehört jetzt den Touristen.

Cadaqués

Ist El Port de la Selva der Hauptanziehungspunkt des nördlichen Abschnittes der Costa Brava und Roses jener des südlichen Teils, so beherrscht Cadaqués einsam und stolz die Halbinsel von Cap de Creus im Osten.

Längs der Straße von El Port de la Selva nach dem 12 km entfernten Cadaqués gibt es nur wenige Zeichen von Leben

oder Vegetation. Cadaqués selbst aber ist eine der schönsten, gastfreundlichsten und sehenswertesten Ortschaften an der Costa Brava.

Wenn Sie nach der Fahrt durch die öde Gegend plötzlich diese bezaubernde Stadt sehen, erscheint sie Ihnen wie ein Wunder. Die weißen Häuser mit ihren roten Dächern kleben an einem steilen Hügel, in ihrer Mitte die imposante Pfarrkirche. Ein paar Fischerboote in der schmalen Bucht erinnern noch an Cadaqués' früherer Bedeutung als Fischerdorf, während im Vordergrund jetzt die Wasserschifahrer die Fläche beherrschen.

In der Vergangenheit mußte sich Cadaqués vor allem gegen Piratenüberfälle zur Wehr setzen. Dies führte dazu, daß man seine Bewohner für unbezähmbar, selbstsicher und unabhängig hielt – und außerdem für die geschicktesten Schmuggler der ganzen Costa Brava. Den schlimmsten Piratenüberfall inszenierte ein gewisser Cheireddin Barbarossa, der 1543 die Stadt plünderte und die Kirche niederbrannte. In der heutigen, im 17. Jh. errichteten Kirche steht ein prachtvoller Barockaltar von Pau Costa.

Zu den regelmäßigen Eindringlingen gehörten die Franzosen; sie kamen erstmals im Jahre 1285 und »offiziell« zuletzt während des »Unabhängigkeitskrieges« zu Beginn des 19. Jh. Auch heute noch erobern die Franzosen, zusammen mit Angehörigen vieler anderer Nationen, jeden Sommer Cadaqués. Die zahllosen Staffeleien tragen das Ihrige zum Bild des Künstlerstädtchens bei.

Der Ruhm von Cadaqués nahm noch zu, als sich 1929 der weltberühmte surrealistische Maler Salvador Dalí mit seiner Frau Gala in **Portlligat,** 2 km von Cadaqués entfernt, niederließ. In jenem Jahr kaufte Dalí das Haus eines Fischers, das nur ein Zimmer hatte. Mit der Zeit erwarb er weitere Grundstücke und baute schließlich sein kubistisch gestaltetes Haus, nunmehr eine skurrile Sehenswürdigkeit. Viele Werke Dalís spiegeln unverkennbar den Geist dieser strengen, gottverlassenen Ecke unseres Planeten wider. »Hier«, so sagt er, »ist der Morgen von wilder und bitterer Fröhlichkeit, der Abend erfüllt mit schwermütiger Melancholie.«

Viele Teile der zerklüfteten Küste sind auf dem Landweg nur schwer zu erreichen, und die Uferstraße entlang der Bucht ist oft vom Verkehr verstopft.

Cadaqués, die »Weiße Stadt«, thront erhaben am östlichsten Punkt des spanischen Festlandes.

Roses

Südlich von Cap de Creus, dem östlichsten Punkt des spanischen Festlandes, beginnt in Roses (15 km von Cadaqués) ein neuer Teil der Costa Brava, mit weiten Horizonten, langen offenen Stränden und Flachland sowie der fruchtbaren Ebene von Empordà gegen das Landesinnere. Roses liegt sehr reizvoll am weiten Golf de Roses, der kilometerlange herrliche Sandstrände bietet. Im Hintergrund ragen die Pyrenäen empor, die sich, besonders im Winter und Frühjahr, wenn sie noch schneebedeckt sind und im Sonnenschein glitzern, in der unglaublich blauen See spiegeln. Kein Wunder, daß Rosas lange Zeit das beliebteste Ausflugsziel der Bewohner von Figueres war, das bloß 18 km landeinwärts liegt. Die überall aufschießenden Blocks von Ferienwohnungen haben dem Ortsbild allerdings nicht gut getan.

Die Anziehungskraft von Rosas ist nicht neu, denn schon die handelstüchtigen Griechen hatten sich hier niedergelassen. Unweit von Roses, bei Creu d'en Cobertella, wurden sogar Überreste aus megalithischer Zeit gefunden. Von Roses aus stach im Jahre 1354, als Katalonien auf dem Höhepunkt seiner Macht war, eine Flotte von 300 Schiffen in See, um einen Aufstand auf Sardinien niederzuwerfen. Im 14. Jh. mehrte die Stadt ihren Reichtum durch den Handel mit Korallen. 1543 errichtete Kaiser Karl V. die Festung La Ciutadella, um die Stadt vor Plünderern zu schützen. Trotzdem wurden die Befestigungsanlagen von Roses während des Unabhängigkeitskrieges von den Franzosen geschleift; die Ruinen sind noch zu sehen.

Roses ist nicht nur dank seiner hervorragenden Strände berühmt. Da der Hafen sich nach Westen öffnet, erleben Sie hier die herrlichsten Sonnenuntergänge der Costa Brava. Während sich die untergehende Sonne in den Fenstern der Stadt spiegelt, leuchten die fernen Gipfel der Garrotxa-Kette noch einmal rot und orangefarben auf.

Gegen 18 Uhr läuft die Fischerflotte in den Hafen ein, ein Ereignis, das Sie nicht versäumen sollten. Der Fischfang ist noch immer eine der wichtigsten Einnahmequellen. Die Heimkehr der *vaques* in den Naturhafen der Bucht von Roses ist ein unvergeßliches Schauspiel, ebenso wie der anschließende Verkauf des Fangs. Übrigens gehören diese Fische zu den schmackhaftesten der ganzen Küste.

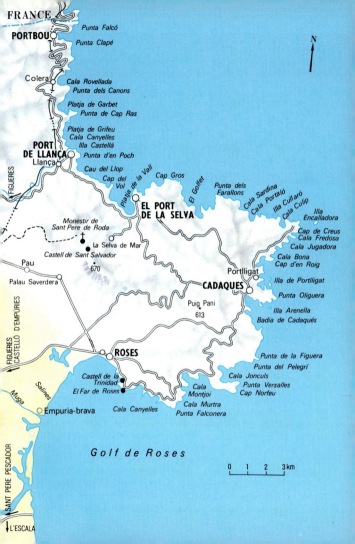

In Roses werden Sie den schönsten Sonnenuntergang an der ganzen Costa Brava erleben.

Falls Ihnen die Strände zu flach und zu wenig aufregend sind, werden Sie nördlich von Roses eine Vielzahl kleiner Schlupfwinkel finden.

Der neue Ferienort EMPURIA-BRAVA liegt 8 km von Roses entfernt zwischen den Flüssen Salines und Muga. Hier gelang es den Architekten, eine moderne und sympathische Urlaubssiedlung mit allen Annehmlichkeiten in den Häusern und mannigfaltigen Sport- und Bademöglichkeiten zu verwirklichen. Die Seepromenade ist 2 km lang, der Strand mit feinem weißem Sand bedeckt. Auch gibt es einen Jachthafen, einen Klub für Taucher und viele Läden. Ein Netzwerk von Kanälen führt landeinwärts, und die Boote werden sozusagen vor der Hintertür der luxuriöseren Bungalows vertäut. Die Häuser sind durchwegs kubisch und unauffällig. Hotels, Einkaufszentren, der *mirador* (Aussichtsturm), eine Schießanlage, Diskotheken, Tennisplätze und eine Flugschule mit eigenem Flugfeld sind nur einige Beispiele der vielen Möglichkeiten, die dieses Ferienparadies Ihnen nebst seinem schönen Badestrand bietet.

Von Roses ins Landesinnere

An dieser flachen Küste hat das Meer sich von einigen Städten zurückgezogen, ihre Häfen sind versandet. CASTELLÓ D'EMPÚRIES ist ein solcher ehemaliger Hafen und liegt jetzt an der Hauptstraße nach Figueres, 5 km landeinwärts von Empuria-brava.

Die Stadt ist von Urlaubszentren umgeben, so daß der Tourismus hier nie richtig Fuß fassen konnte. Ein Blick in die **gotische Kirche** aus dem 14. Jh. mit ihrem bemerkenswerten Portal und den Statuen der zwölf Apostel läßt auf einstige große Bedeutung schließen. Sie war tatsächlich einmal eine der wichtigsten Städte Kataloniens, Sitz der Grafen von Empúries. Die außergewöhnlich schöne Kirche mit ihrem weiten Vorhof, die alten, kopfsteingepflasterten Straßen, die ehemalige *Llotja* (Börse) und das ganze Gesicht der Stadt erinnern an ihre Blütezeit: ein reizvoller Gegensatz zu den Badeorten am Meer.

PERALADA, weitere 8 km landeinwärts gelegen, wurde, schenkt man den Urkunden Glauben, im 9. Jh. gegründet. Das Schloß stammt aus dem 16. Jh. Das Städtchen hat seinen mittelalterlichen Reiz bewahrt, wozu auch das Kastell beiträgt, das während 400 Jahren das Heim der Grafen von Peralada war. Im Innern herrscht allerdings ein anderer Stil: Das moderne Kasino ist eines von mehreren in der Gegend.

Aus Peralada stammt auch Ramón Muntaner, der Chronist des 13. Jh., der sämtliche Kriegszüge der Katalanen zur Zeit ihrer höchsten Machtentfaltung aufgezeichnet hat.

Sollte Ihnen in Peralada der Gang einiger Leute etwas unsicher vorkommen, dann vergessen Sie nicht, daß hier ein ganz vorzüglicher Sekt gekeltert wird, von den Spaniern großzügig *champán* genannt.

Die verkehrsfreien Einkaufsstraßen Roses' gehören ganz Ihnen.

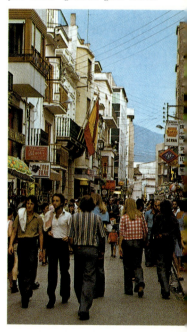

Doch ein Glas dieses erfrischenden Getränkes sollten Sie schon kosten, etwa in dem großen Café bei der Ortseinfahrt.

LA JONQUERA ist Spaniens beliebteste und geschäftigste Grenzstadt, obwohl sie 6 km von der eigentlichen Grenze entfernt liegt. Die Hauptstraße führt um die Ortschaft herum, so daß diese von dem Auto-Lindwurm aus nördlichen Gefilden, der sich hier jedes Jahr in beiden Richtungen durchwindet, verschont bleibt. Im Städtchen finden Sie einige hübsche Häuser und eine aus dem 15. Jh. stammende Kirche. Eine holprige Straße führt von hier über Cantallops zum **Castillo de Requesens,** einem 12 km nordöstlich gelegenen mittelalterlichen Kastell, das einst die Grenze bewachte.

Figueres

Figueres, 18 km von Roses entfernt, ist die zweitgrößte Stadt der Provinz Girona. Viele Reisende machen hier für einen letzten Einkaufsbummel halt, bevor sie sich bei La Jonquera über die Grenze begeben. Kaum verwunderlich, daß das Stadtzentrum einem gewaltigen Markt gleicht. Das auf einem Hügel gelegene, abweisende Kastell Sant Ferran kann nicht besichtigt werden. 1743 erbaut, bot es Raum für 10 000 Mann und 5000 Pferde.

Figueres selbst erhebt keinen Anspruch darauf, eine besonders schöne Stadt zu sein. Eindrücklich aber bleibt die Atmosphäre in dem Gewirr von Straßen hinter den *Rambles* (Promenaden), in denen immer etwas los ist, seien es nun folkloristische Darbietungen (etwa *sardana*), Ausstellungen oder einfach das lebhafte Treiben in den vollen Cafés.

Doch hierin erschöpft sich Figueres' Anziehungskraft keineswegs. Dafür sorgt allein schon Salvador Dalí, denn seit 1973 befindet sich hier das eigenwillige **Teatre-Museu Dalí,** ein Kunstspektakel besonderer Art, das man sich nicht entgehen lassen darf.

Im Irrgarten der Straßen im Zentrum, in der Mitte eines mit roten Platten gepflasterten, nackten Platzes und dicht bei der kleinen Kirche von Sant Pere, kommen Sie zu einem seltsam »bearbeiteten«, mit einem Laken behangenen und mit einigen Steinen und einem goldenen Ei gekrönten Baumstamm. Dahinter erhebt sich die schwülstige Fassade eines Gebäudes: Dalís Museum, einst ein richtiges Theater.

Über Dalí – laut eigenem Urteil »Größter Maler der Welt« – scheint jedermann

Dalí (1904–89)
War »der größte Maler der Welt« ein seriöser Künstler? An dieser Frage schieden sich während der 60jährigen Karriere des Surrealismus-Showmasters immer wieder die Geister. Noch in den 80er Jahren sorgte er für Schlagzeilen.

Bekannt wurde Salvador Dalí mit seiner ersten Ausstellung 1929. Und eben diese frühen Werke werden von Kritikern heute hoch gelobt – Gemälde wie *Beharrliche Erinnerung* (1931) mit den kennzeichnenden »schlaffen« Uhren. In den 30er Jahren schuf er jene Bilder, die die alptraumhafte Welt seines Unterbewußtseins beschreiben. Für viele Leute waren die Darstellungen deformierter Körper, verwesenden Fleisches und Ameisenschwärme ein Schock. Aber der »Spinner«, wie man ihn nannte, verdiente damit Millionen.

In seinem späteren Schaffen machte Dalí vor nichts mehr halt: und seine Palette reichte von Möbeldesign bis zu Werbefilmen.

seine Meinung zu haben. Spätestens nach dem Besuch des Teatro-Museo werden Sie auch eine haben. Wie im Zirkus stehen die Platzanweiser als Teil der Dekoration in diesem extravaganten Monument, das Dalí zu seiner Selbstbestätigung schuf. Unter einer großen Kuppel scheinen gewaltige

Eine Einzelanfertigung: Salvador Dalís Amazonen-Cadillac.

Die Fischer von Sant Pere Pescador vertäuen ihre Boote 3 km landeinwärts.

Füße auf den unvorsichtigen Besucher heruntersteigen. Im Mae-West-Zimmer hängt ein Zerrspiegel unter dem Bauch eines ausgestopften Kamels. Er löst die Ansicht eines möblierten Raumes in das dreidimensionale Bild der berühmten Filmschauspielerin auf. Im Innenhof steht, mit einem großen Stein auf dem Dach, ein Cadillac, dessen Vorderfront von einer Amazone mit vergoldeten Brüsten geschmückt wird. In der Ausstellungshalle sind Werke Dalís aus seiner ganzen Schaffenszeit vertreten, von den »gewöhnlichen« surrealistischen bis hin zu den irrsten Phantasieauswüchsen. Sie können diese Werke anschauen, berühren oder in Bewegung setzen – im ganzen Haus wird unterdessen angeregt diskutiert und gelacht.

Dieselbe Eintrittskarte berechtigt auch zum Besuch des **Museu de l'Empordà** auf den Rambles. Hier finden Sie eine ganz andere Welt, denn dies ist ein gut organisiertes Museum für Heimatkunde mit Fundstücken aus der Zeit der Griechen und Römer, aber auch Erzeugnissen der heutigen Tage. Neben Töpferwaren, Holzschnitzereien, Portraits der lokalen Persönlichkeiten und Volkskunst sind auch Picasso, Miró und Dalí vertreten.

Beim Verlassen des Gebäudes sehen Sie auf dem Hauptplatz gegenüber die Statue von Narciso Monturiol (1819–95). Seine bedeutende Leistung war der Bau eines hölzernen Unterseebootes namens *Ictíneo*, das im Sommer 1861 in den Hafen von Barcelona einlief – ein Triumph der Technik jener Zeit.

Von Roses bis Palamós

Sant Pere Pescador ist für die Costa Brava eine Kuriosität: ein Fischerdorf, das nicht direkt am Meer liegt, sondern 3 km landeinwärts an den Ufern des Río Fluvià. Das Bild der Fischerboote inmitten des Ackerlandes mutet ebenso seltsam wie reizvoll an.

Die sichere Lage im Landesinneren hat diesen Ort in der Vergangenheit geschützt, und heute hält sie auch die Touristenfluten ab, so daß das Dorf seine Eigentümlichkeit bewahren konnte. Falls Sie einen Ausflug hierhin unternehmen, sollten Sie ihn unbedingt bis nach SANT MIQUEL DE FLUVIÀ mit seiner bemerkenswerten romanischen Kirche (11. Jh.) ausdehnen.

L'ESCALA, im Süden der Bucht von Roses, war bis vor kurzem ein einfaches, typisches Fischerdorf, heute ist es ein aufstrebender Ferienort. Die steilen und von lebhaftem Betrieb erfüllten Straßen führen zu einem hübschen Hafen mit zahlreichen an den Kais gelegenen Bars und Restaurants. Den Strand werden Sie sich allerdings mit den Fischern teilen müssen, die dort ihre Netze flicken. Trotz einer breiten Umgehungsstraße gibt es auch hier Parkprobleme. Etwas weiter südlich liegen die bevorzugten Strände RIELLS und MONTGÓ.

L'ESCALA (eigentlich: Rastplatz) ist einer der Orte, an denen Hannibal auf seinem großen Kriegszug haltmachte. In der ganzen Gegend werden Sie viele historische Wahrzeichen finden. Badegäste, die sich auch für die Vergangenheit interessieren, sollten SANT MARTÍ D'EMPÚRIES mit seinem ausgedehnten Sandstrand besuchen. Hier befinden sich die wertvollsten Ausgrabungen der Costa Brava – die **Ruinen von Empúries** (Ampurias), die direkt am Meer liegen, einige sogar unter Wasser.

Im 6. Jh. v. Chr. wurde Sant Martí d'Empúries, damals eine kleine Insel, von griechischen Kolonisten besiedelt. Sie legten den Hafen Palaiopolis (alte Stadt) an, und etwas später gründeten sie einen weiteren Hafen, Neapolis (neue Stadt) auf dem Festland. Die Römer bauten beide Siedlungen aus und nannten den ganzen Komplex Empurias, nach dem griechischen *emporion* (Handelsplatz).

Die römische Stadt und Flottenbasis blühte, bis um 400 n. Chr. die Westgoten einbrachen. Sie erhoben zwar Neapolis de Ampurias zum Bischofssitz, aber nach der

Verwüstung durch die Normannen verschwand die Stadt vollständig, der Hafen versandete, und die Insel wurde ein Teil des Festlandes.

Als L'Escala im 17. Jh. langsam wuchs, war der frühere Glanz Ampurias bereits Legende. Mit den Steinen aus der griechisch-römischen Handelsmetropole errichteten die Bewohner von L'Escala jetzt ihre Häuser.

1908 wurden die fast 3000 m² umfassenden Ausgrabungsarbeiten in Empúries begonnen. Der sensationellste Fund war eine überlebensgroße Marmorstatue des Äskulap, des griechischen Gottes der Heilkunst, die heute im Archäologischen Museum in Barcelona steht. Eine Kopie schmückt den alten Standort im zerstörten griechischen Tempel, eine weitere befindet sich im örtlichen Museum bei der Ausgrabungsstätte, in dem Sie die meisten hier gemachten Funde besichtigen können.

Eine Wanderung durch diese untergegangenen Stätten zweier alter Kulturkreise ist ein Erlebnis. Neapolis ist vollständig ausgegraben worden. Hier sehen Sie Zisternen und Wehrmauern sowie Fundamente von zwei prachtvollen römischen Patriziervillen mit kostbarem Mosaikschmuck.

Die großartigsten unter den Tempelruinen sind zweifellos die des über 1000 m² großen, von einem dorischen Säulengang umgebenen Tempels des Jupiter Serapis. Wenn Sie über den ehemaligen Marktplatz gehen, umrahmt von Wohn- und Badehäusern, können Sie sich den betriebsamen Alltag des Ortes vor rund 2000 Jahren gut vorstellen. Doch diese Fundstätte ist nicht ausschließlich römisch, die christliche Basilika wurde wohl im 6. Jh. von den Westgoten errichtet.

Auch dem kleinen **Museum** sollten Sie einen Besuch abstatten; dort sind zahlreiche Keramiken, Schmuck, Hausgeräte, Waffen, Mosaiken und Statuen ausgestellt.

Sowohl Griechen als auch Römer waren einst in Empúries zu Hause.

L'Estartit

L'Estartit, im Norden der Bucht von Pals, war einst nur eine kleine Siedlung mit einfachen Fischerbehausungen am Fuß des auffälligen Roca Maura. Durch den plötzlich einsetzenden Touristenstrom der 60er Jahre hat sich der geschützte Hafen mit seinem prächtigen Sandstrand – für Kinder fast immer gefahrlos – in einen sehr betriebsamen Ferienort verwandelt. Der Hafen ist ein bevorzugter Anlegeplatz für Jachten. Sehr zu empfehlen ist eine Bootsfahrt zu den vorgelagerten, felsigen MEDES-INSELN oder zu einer der nur vom Wasser her erreichbaren Buchten.

Auf Meda Gran, der größten Insel, hausten einst normannische, algerische und türkische Piraten, die von hier aus die Küste terrorisierten. Im 15. Jh. erbauten Mönche ein Wehrkloster, und zur Zeit Napoleons besetzten die Briten die Insel, bis sie von den französischen Batterien von L'Estartit aus vertrieben wurden. Seit 1890 sind die Medes-Inseln unbewohnt – abgesehen vom Leuchtturm –, was besonders die Botaniker freut, die hier über 150 seltene Pflanzenarten vorfinden.

TORROELLA DE MONTGRÍ liegt 5 km landeinwärts von L'Estartit. Es wird von Urlaubern an diesem Küstenstrich als Einkaufszentrum bevorzugt, denn auf dem bunten Markt erhält man die leckersten Fische und Meeresfrüchte sowie das beste Obst der Gegend – und auch originelle einheimische Korbwaren.

War Torroella im 13. Jh. noch eine Hafenstadt, so hat der Río Ter während der letzten 700 Jahre so viel Geröll zu

Tal geführt, daß es heute vollständig von Land umschlossen ist. Auf einem Hügel steht das finstere, unvollendete Kastell Montgrí, dessen Bau König Jaime (Jakob) II. im 13. Jh. befohlen hatte. Damals war Torroella nicht nur Weberei-Metropole, sondern auch ein bedeutendes Kulturzentrum. Im 14. Jh. raffte eine Epidemie viele Bewohner dahin, und im 16. Jh. wurde die Stadt abwechselnd durch Piraten und Kriegswirren zerstört. Die Burg erinnert daran, daß Torroella ein bevorzugter Aufenthaltsort der Könige war, besonders zur Jagdzeit.

Links: *Hier gibt es nicht nur Kartoffeln…* Unten: *L'Estartit – Reich der Sonnenanbeter.*

Begur

Die nächste bedeutende Ortschaft auf der Reise südwärts ist Begur. Obwohl es 4 km landeinwärts liegt, ist der Einfluß des Meeres im ganzen Städtchen spürbar. Begur ist der wichtigste von fünf kleinen und sehr beliebten Badeorten dieser zerklüfteten Küste. Im ersten, SA RIERA, haben sich die alten Fischerhäuser mit den modernen Bauten glücklich vermischt. Dann folgen, von Norden nach Süden, AIGUAFREDA, SA TUNA, FORNELLS und AIGUABLAVA mit seinen von Felsen umsäumten Buchten.

Viele Villen in Begur gehören wohlhabenden Familien aus Barcelona, andere wurden von reichen Rückwanderern aus Lateinamerika *(indianos)* erbaut. Um die kleinen, eleganten Häuser mit den schmiedeeisernen Gittern vor den Fenstern, den arkadenartigen Balkonen und den farbenfrohen Mauern liegen Palmengärten, die dem Ganzen etwas Tropisches verleihen. Solche von *indianos* gebauten Häuser sehen Sie auch in Sa Tuna.

Bei Begur erheben sich die Ruinen einer mächtigen Burg aus dem 14. Jh., die zahllosen Attacken unersättlicher Piratenbanden standhalten mußte. Hier genießen Sie eine sehr schöne Aussicht auf die Küste und das Hinterland.

In Aiguablava steht ein Hotel der staatlichen *parador*-Kette hoch über einer kleinen Bucht; seine Fundamente wurden direkt in den Fels gelegt.

Von hier aus sollten Sie ein Boot nach COVA D'EN GISPERT nehmen, einer fast 300 m

Solche kleinen Buchten sind immer wieder eine Entdeckung.

tiefen Grotte, die besonders in der Morgensonne in märchenhaften Farben leuchtet. Vielleicht haben Sie Mühe, einen Fischer zu überreden, aber die 1–2stündige Seefahrt lohnt sich. Wenn Sie übrigens Aiguablavas Wasser zu wenig erfrischend finden, so schwimmen Sie einmal in der nahegelegenen Bucht von Aigua Xelida (Eiswasser) – der Unterschied wird Sie überraschen.

Spaniens Parador-Kette
Es gibt in Spanien nahezu 100 vom Staat betriebene *paradores* oder auf ausländische Touristen abgestimmte Hotels. Sie sind so über Spanien verteilt, daß der Reisende niemals mehr als eine Tagesfahrt vom nächsten *parador* entfernt ist.

20 Hotels befinden sich in ehemaligen Kastellen oder Palästen, weitere 10 in Gebäuden von besonderer historischer oder architektonischer Bedeutung. Sie werden in allen *paradores* zu relativ niedrigen Preisen einen überdurchschnittlichen Service genießen (Aufenthaltsdauer höchstens 10 Tage). Auf jeden Gast kommt dort nahezu ein Angestellter.

Die Aufgabe der *paradores* ist es, Spanien bekannt zu machen und den Touristen noch weniger berühmte Gegenden zu erschließen.

Die besonders gut gelegenen Häuser sind oft schon zwei Monate im voraus vollständig ausgebucht, bestellen Sie also rechtzeitig! An der Costa Brava gibt es ein sehr luxuriöses *parador* in Aiguablava; weitere finden Sie in Katalonien in Vic, Cardona, Balaguer, Tortosa und Vall d'Arán.

Von Begur ins Landesinnere

Von Begur aus können Sie eine ganze Reihe interessanter Orte im Herzen Kataloniens gut erreichen.

PALS, 5 km von Begur entfernt und abseits der üblichen Touristenwege, scheint – ebenso wie einige weitere Dörfer – seit dem 10. Jh. unverändert geblieben zu sein. Mit dem Wagen können Sie nur bis zur alten Kirche fahren, dann müssen Sie zu Fuß gehen. Harmonisch ist die Farbe der Gemäuer, eindrücklich der *Torre de les Hores,* der den Hügel krönt, und reizvoll die winkligen Gassen und sorgfältig restaurierten Häuser.

Die Gegend von Pals ist, zusammen mit Teilen der Provinz Valencia, eines der großen Reisanbaugebiete Spaniens, obwohl dieser Erwerbszweig angesichts des zunehmenden Fremdenverkehrs zurückgeht. Jeden Juni bestellen die Bauern immer noch zwölf Stunden täglich, bis zu den Knien im Schlamm, die Reisfelder.

Pals besitzt sogar einen eigenen Strand, PLATJA DE PALS – in etwa 6 km Entfernung. Die Beliebtheit dieses Küstenstreifens nimmt ständig zu. Der Sand ist fein und manchmal so heiß, daß man kaum barfuß darauf gehen kann.

Der Torre de les Hores, *im 10. Jh. erbaut, scheint heute noch Pals zu beschützen.*

Peratallada schmiegt sich in die fruchtbare Ebene von Empordà und ist seit Genera-

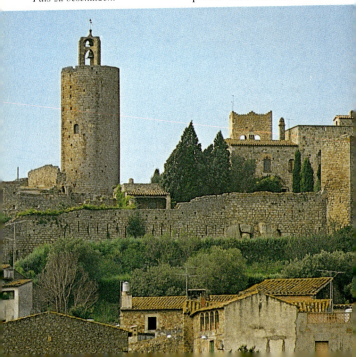

tionen unverändert. Die Ortschaft war einst stark befestigt, und Überreste der Wehranlagen sind noch heute zu sehen, integriert in die Altstadt, die mit ihren graugelben Steinbauten wie darauf abgestimmt ist; Pappeln und Blumen sind zusätzliche Farbtupfer. Hunde liegen faul an der Sonne, während die Hühner aufgeregt über die ungepflasterten Straßen flattern. Mauern, Kirchen, Türme, Arkaden und Galerien bilden eine geschlossene, zeitlose Einheit. Ein eher heruntergekommener Laden und ein einsames Restaurant müssen hier den ganzen kaufmännischen Stand vertreten. Die Namen früherer Besitzer stehen noch auf den Türstürzen der Häuser – einige davon gehen bis ins 16. Jh. zurück.

Vor 30 Jahren war ULLASTRET (10 km südlich von Torroella) noch ein reizvoller, aber unbekannter kleiner Weiler. Heute ist dieser Name fast allen Altertumsforschern vertraut. 1946 fanden Archäologen nämlich in den Hügeln von Sant Andreu eine vollständige aus dem 4. und 5. Jh. v. Chr. stammende **Ibererstadt**. Lange Stadtmauern konnten ausgegraben werden, und man legte Getreidesilos und Zisternen frei. Heute ist die ganze Fundstelle mit Plänen und Erläuterungen sehr übersichtlich gekennzeichnet. Im Museum, zu dem ein Garten mit Bänken und sogar ein Picknickplatz gehören, sind alle während des Ausgrabungen gefundenen Gegenstände untergebracht. Griechische Vasen stehen neben Totenschädeln, in denen noch verrostete Klingen stecken; auch Waffen, allerlei Geräte, Werkzeuge, Töpfe und Alltagsgegenstände sind zu sehen.

Palafrugell

TAMARIU, LLAFRANC und CALELLA (mit dem Botanischen Garten am Cap Roig und den ILLES FORMIGUES) sind die drei Badeorte des im Landesinnern gelegenen Palafrugell, die in den letzten Jahren einen raschen Aufschwung erlebt haben. Alle liegen sie auf steilen Hügeln und bieten mit ihren malerischen Buchten Badegelegenheiten. Die Pinienwälder, die sich bis zum Meer erstrecken, vermischen ihren Duft mit der salzigen Meerluft!

Palafrugell ist für die umliegende Gegend eine wichtige Marktstadt und zugleich bei Urlaubern ein beliebtes Einkaufszentrum. Anders als Bagur kehrt die Stadt dem Meer den Rücken zu und blickt ins Land hinein. Ihre Blüte verdankt sie dem internationalen Tourismus und der Korkindustrie. Sollten Sie einmal das Bedürfnis haben, allein zu sein, hier am Rande von La Selva, einer der großen spanischen Korkeichenplantagen, kaum 15 km vom Meer entfernt, können Sie ein Einsiedlerdasein führen.

In Palafrugell sollten Sie die aus dem 15. Jh. stammende gotische **Església de Sant Martí** (Martinskirche) besuchen, die nach dem Bürgerkrieg restauriert wurde. Ihren Einkaufsbummel macht ein Glas *vino negro* in einem Café noch angenehmer. Allgemein wird Rotwein in Spanien *tinto* genannt. Der dunkelrote, starke Wein von Empordà verdient jedoch seinen Namen *negro* (schwarz). Genießen Sie ihn mit Maßen, er hat bis zu 17 Alkoholprozente!

In LA BISBAL (13 km westlich von Palafrugell) erwarten den Besucher weitere Einkaufsmöglichkeiten, besonders die Läden, die einheimische Keramik mit ihren glänzenden, aber nicht grellen Farben anbieten. Einen Besuch verdient der zinnengekrönte, etwas vernachläßigte **Palacio de los Obispos** (Bischofsburg) aus dem 13. Jh. Von 844 bis 1446 war die Kirche Herr über die Stadt, nachdem der Frankenkönig Karl der Kahle sie dem Bischof von Girona geschenkt hatte.

In der Nähe von La Bisbal liegen viele andere hübsche Dörfer wie CRUÏLLES, MADREMANYA und SANT MARTÍ VELL, die in ihrer Art einmalig sind, völlig abgeschieden von der industrialisierten Welt, und zum Untergang verurteilt, weil die jungen Generationen in die Städte abwandern.

Palamós

Begeben wir uns jetzt zurück an die Küste nach Palamós, einem der meistbesuchten Badeorte der Costa Brava. Die Bedeutung dieser Stadt hing immer schon von der des Hafens ab. 1299 stach von hier aus die Flotte der Katalanen zur Eroberung von Sizilien in See. In Palamós versammelten sich auch die Schiffe, um die Türken bei Lepanto zu besiegen. Umgekehrt landeten hier mehrfach Invasionstruppen der französischen Flotte. Heute liegen neben den Fischerbooten über 500 Segel- und Motorjachten im Hafen, ein deutlicher Hinweis auf die Bedeutung des Tourismus.

Palamós' Fischerflotte verläßt den Hafen in der Morgendämmerung und kehrt am späten Nachmittag zurück. Der Fang liefert die Grundlage für so herrliche katalanische Gerichte wie *suquet de peix*. Die Fische werden um 17 Uhr in *La Llotja*, der Auktionshalle, versteigert. In Palamós bietet sich Ihnen die Möglichkeit, eine halbe Stunde in der Welt der Fischer zu verbringen, zwischen Booten, die ausfahren, Frauen, welche die Netze flikken, und kräftigen, rauhen Seebären. Es besteht allerdings wenig Hoffnung, daß Sie den Auktionator – bei einer Redegeschwindigkeit von rund 500 Worten in der Minute, und das auf katalanisch – verstehen.

Besuchen Sie die **Pfarrkirche Santa Maria del Mar** (hl. Maria des Meeres), die seit dem 15. Jh. die Silhouette des Ortes bestimmt. Während des Spanischen Bürgerkrieges wurde

Palamós, 17 Uhr – jetzt »geht's um den Fisch«!

Palamós bombardiert, aber die Kirche blieb unversehrt. Die Stadt wurde mit Regierungshilfe wiederaufgebaut, eine Hilfe, die Palamós auch 1543 hätte brauchen können, als es, wie Cadaqués, von dem gefürchteten Piraten Cheireddin Barbarossa eingenommen wurde. Versäumen Sie nicht, dem Museum der Stadt, **Cau de la Costa Brava,** einen Besuch abzustatten.
Ausgestellt sind Gegenstände, die an die einst florierende Korkindustrie erinnern. Außerdem gibt es Sammlungen von iberischer, griechischer, römischer Keramik, Muscheln und Münzen (im 15. Jh. prägte Palamós sein eigenes Geld) zu sehen.

Und nochmal ein Traumstrand... Die meisten sind auch für Kinder gefahrlos.

Der Süden

Ein breiter, strahlendweißer Strand machte Palamós und die anschließenden SANT ANTONI DE CALONGE und LA PLATJA D'ARO unvermeidlich zum Ziel für Reiseunternehmen. Platja d'Aro verdankt sein Dasein überhaupt dem Tourismus. Es ist heute ein hübscher, belebter Badeort, das Ergebnis guter Planung, wenn man bei den Hochhäusern mal ein Auge zudrückt. Bis in die 50er Jahre gab es nur Strand, soweit das Auge reichte; der Rest war unbebautes Land.

S'Agaró und Sant Feliu de Guíxols

Besucher haben nur Worte des Lobes für das, was sie in S'Agaró (3 km von La Platja d'Aro) vorfinden: es ist klein, exklusiv und elegant – ohne *urbanización* oder planlose Bebauung!

Der Ort entstand 1923 nach den Vorstellungen eines Geschäftsmannes aus Girona, José Ensesa, der sich aufmachte, ein unbebautes Stück Land in eine Siedlung ohne häßliche städtische Auswüchse zu verwandeln. Er schloß kompromißlose Verträge mit seinen Klienten, um die architektonische Integrität seines Projektes zu sichern. Auch nutzte er geschickt die Klippen aus (denn wir haben die langen Strände wieder hinter uns gelassen!). Die luxuriösen Häuser stehen mal an die Felsen geschmiegt, mal in Pinienhainen versteckt. Parks, öffentliche und private Gärten, viele Aussichtspunkte und der großartige, 4 km lange **Rundweg, Camí de Ronda,** der der Küste folgt, sie alle tragen zur Atmosphäre bei. Den Strand von SA CONCA auf der einen Seite der Stadt erreicht man über Treppen. SANT POL, auf der anderen Seite, ist seinerseits der einzige Strand an der Costa Brava, für dessen Benutzung (samt Kabinen) eine Gebühr erhoben wird.

Zu dieser Aura von Exklusivität paßt auch, daß sich hier eines der berühmtesten Hotels befindet, das Hostal de La Gavina, in dem Sie für eine wahrhaft königliche Summe in der Louis-XV-Suite mit Marmorbad und Stilmöbeln oder aber um ein weniges bescheidener in einem Doppelzimmer nächtigen können. Wer solche Preise verlangt, scheut natürlich keine Mühe, Ihnen den Aufenthalt unvergeßlich zu gestalten.

Der Überlieferung gemäß war es der Ibererkönig Brigo, der, auf der Suche nach einer

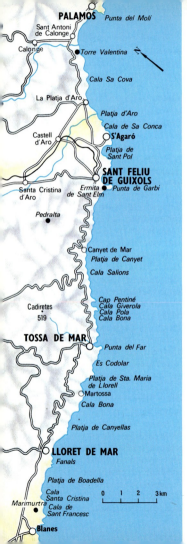

leicht zu verteidigenden, aber schönen Bucht, sich in den Anblick von Sant Feliu de Guíxols verliebte und dort eine Burg erbauen ließ, die Jahrhunderte später von den Mauren erobert wurde. Karl der Große verwandelte sie in ein Benediktinerkloster, das mit den Jahren verändert und restauriert wurde. Zwischen Teilen gotischer Architektur stehen heute noch Überreste des alten Baus, wie die **Porta Ferrada,** eine elegante Arkadengalerie aus dem 11. Jh. (1931 restauriert), und der **Torre del Fum,** auf dem Rauchfeuer zur Warnung vor Piratenangriffen entzündet wurden. Das bescheidene Museum in der Nähe bestätigt die wechselvolle Geschichte der Stadt.

Sant Feliu, das sich selbst zur »Königin der Costa Brava« ernannt hat, liegt 3 km südlich von S'Agaró, mit dem es den Strand (den nicht exklusiven Abschnitt) teilt. Das fröhliche Sant Feliu bietet alles, was man von einem Urlaub an der Costa Brava erwartet. Dieser Badeort gefällt dank seinem stilvollen, an die Riviera erinnernden Charme und macht nicht den Eindruck eines typischen Fremdenortes. Gleichzeitig finden Sie alle Annehmlichkeiten wie gute Läden, Restaurants, Ausflüge auf Land und Meer, Jachthafen, Golfklub, Tennisplätze, Reitställe, Nachtklubs und eine Stierkampfarena. Es gibt eine kurze, aber belebte Promenade *(Rambles)* und einen sehr breiten, einladenden Strandkorso. Die eleganten alten Gebäude, die den **Passeig de Mar** säumen, waren vormals Spielkasinos. Der Strand ist breit, sandig und offen, und Sie können auch Ausflüge zu einsamen Buchten und Klippen unternehmen, die kaum anders als per Boot zu erreichen sind.

Es lohnt sich, für die beste Aussicht auf Stadt und Küstenlandschaft einen kurzen Spaziergang zur **Ermita de Sant Elm** zu unternehmen. Von der Einsiedelei auf der Anhöhe sieht die Stadt sauber und wohlhabend aus (ihren Reichtum verdankte sie zuerst der Korkindustrie).

Tief unten dringt die brandende See in die Felsspalten, die gierig das Wasser ansaugen und sofort wütend wieder ausspucken. Eine Tafel weist darauf hin, daß dieser Ort Ferrán Agulló inspirierte, den Landstrich Costa Brava (wilde Küste) zu taufen.

Das Nachtleben spielt sich in Bars, Klubs, Diskotheken und auf dem Passeig ab, wo an warmen Abenden Liebespaare neben ganzen Familien schlendern und alle in unnachahmlicher iberischer Mitteilungsfreudigkeit schwatzen und gestikulieren. Einmal wöchentlich während des Sommers (erkundigen Sie sich im Fremdenverkehrsbüro im Rathaus) wird auf dem Passeig oder vor dem Rathaus die *sardana* getanzt. Wenn Sie nicht widerstehen können, schließen Sie sich einer der Randgruppen an (siehe S. 80): aber nehmen Sie es nicht übel, wenn Sie sachte beiseite gedrängt werden, weil Sie das Tempo des Kreises ganz durcheinandergebracht haben.

Von Sant Feliu ins Landesinnere

Auf einem Berg 6 km von Sant Feliu entfernt liegt Pedralta, der größte »schaukelnde Felsen« der iberischen Halbinsel. Ein riesiger Steinblock, auf einem anderen von gleicher Größe liegend, kann bewegt und geschaukelt werden, ohne daß er herabfällt. Um dorthin zu gelangen, verlassen Sie Sant Feliu auf der Straße nach Girona, und bei den letzten Häusern der Stadt zweigen Sie linker Hand ab; fahren Sie aber vorsichtig, denn die Strecke wird zunehmend holpriger und ist voll von Schlaglöchern.

(23 km landeinwärts von Sant Feliu kann keine Berühmtheiten vorweisen und war auch nie die Stätte einer entscheidenden Schlacht; dennoch erfreut es sich seit 2000 Jahren eines weitverbreiteten guten Rufes. *Caldas* bedeutet heiße Mineralquellen, und diese werden seit den Zeiten der Römer von Gastritis- und Rheumaleidenden aufgesucht. 1883 erklärte man das Wasser zum Gemeinwohl, und jetzt wird es zum Verkauf in Flaschen abgefüllt. Sie können es direkt am kleinen Brunnen, der hinter den römischen Ruinen steht, trinken. Passen Sie aber auf, daß Sie sich nicht den Mund verbrennen, obwohl das Wasser nur spärlich fließt. Ein anderer Brunnen am Ortseingang, der etwas imposanter aussieht, bringt wahre Sturzbäche hervor, wenn Sie ihn aufdrehen.

In der Nähe von SILS, bei Kilometer 706 auf der N 11, stoßen Sie auf die **Colecció d'Automòbils de Salvador Claret.** Señor Claret begann seine Oldtimer-Sammlung in den 20er Jahren. Er erstand im Laufe der Zeit 80 perfekt funktionierende alte Autos. Das älteste Modell ist ein 1883er Einzylinder, ein mit Kohlenbrenner angetriebener Merry Weather.

Tossa de Mar

Von Sant Feliu nach Tossa (22 km) windet sich die Straße in unzähligen Kehren der Küste entlang und bietet herrliche Ausblicke auf das tiefblaue Meer, die braunen Klippen und die bewaldeten Hügel.

Von allen großen Urlaubsorten an der Costa Brava kann Tossa de Mar bestimmt von sich behaupten, einer der schönsten zu sein.

Noch 20 Jahre vor Einbruch des Massentourismus war Tossa ein Schlupfwinkel für Künstler auf der Suche nach dem »einfachen Leben«, schöner Umgebung und mildem Wetter. Es hat sich nicht viel geändert: damals, wie heute, war Spanien verhältnismäßig billig, und der Mittelmeersommer bedeutete strahlende Sonnenaufgänge und lange, warme Abende. Das weiße Dorf mit dem Hauch des Südens war ein Paradies für Maler und Schriftsteller, die den Lärm der Großstadt satt hatten.

Es hat zwar nie eine Schule von Tossa gegeben, aber es entstanden schöne Werke in diesem sich natürlich an die Bucht schmiegenden Fischerort. Einige Straßen der Altstadt sind nach den bekanntesten katalanischen Künstlern benannt – etwa der Plaça J. Villalonga –, und Beispiele ihrer Arbeiten (meist Schenkungen der Künstler) hängen heute im Museum, das direkt in die Befestigungsmauern der Vila Vella (Altstadt) eingebaut ist.

Das Museum stellt außerdem Funde aus Tossas römischer Epoche aus – als es noch Turissa hieß. Etwas außerhalb der Stadt können Sie eine ausgegrabene römische Villa besuchen, mit Mosaiken, eigenem Schwimmbecken und einer ausgeklügelten Heizung. Kinder machen hier – unter Aufsicht und mit der Begeisterung von Goldgräbern – weitere Ausgrabungen.

Die mächtigen Mauern von **Vila Vella** stammen aus dem 12. Jh. (1 m dick und etwa 7 m hoch) und hielten einst Piraten

Die Mauer Tossas steht zwar noch, doch vom Strand her droht heute keine Gefahr mehr.

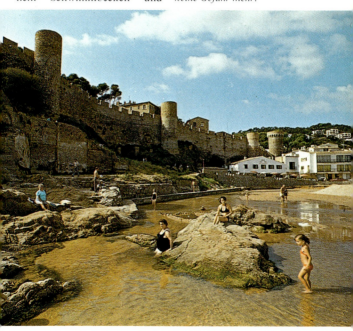

fern. Im 17. Jh. wuchs die Stadt bereits über ihre Mauern hinaus; im 18. Jh. wurde eine neue Kirche unmittelbar am Strand errichtet, und um sie herum entstand die neue Stadt. So freundlich, frisch und einladend sie auch ist, zieht doch eher Vila Vella die Besucher an; sie lieben die verwunschenen Gassen und grob gepflasterten Straßen mit ihrer Blumenfülle und den unzähligen Galerien, Bars und Restaurants in den uralten Häusern. Achten Sie auf die Werkzeugschuppen und Hundehütten in den Überresten des mittelalterlichen Gemäusers.

Der Mauerkranz umgibt den Hügel, auf dem die Altstadt liegt; ein Turm *(Torre Major)* und ein Teil der Wälle wurden niedergerissen, um für einen Leuchtturm Platz zu schaffen, aber drei andere Türme sind stehengeblieben. Von dort genießen Sie einen herrlichen Blick auf die wilde Küstenlandschaft. Der Streifen von hier bis Blanes (20 km weiter südlich) wird von Sporttauchern sehr geschätzt.

Die winzige, ein wenig geheimnisvolle **Bucht von Es Codolar,** die hinter Vila Vella verborgen liegt, diente den Fischern von Tossa jahrhundertelang als sicherer Anlegeplatz und war ihr ursprüngliches Zuhause. Die langsam abnehmende Zahl von Fischern teilt die Bucht mit den Urlaubern, die manchmal schon früh am Morgen erscheinen, um zu beobachten, wie der mehr oder weniger reiche Fang eingebracht wird.

Nur ein schmales trockenes Flußbett, heute ein Parkplatz, trennt das moderne Tossa von seinem Hauptstrand. Dort stehen auch die Kartenverkaufsbuden für Bootsausflüge. Wenn es dämmrig wird, erwachen die Strandrestaurants zum Leben, Hunderte hungriger Feriengäste nehmen die Tische im Freien ein und schlürfen ohne Eile ihre Aperitifs, während sie auf die spanische Essenszeit warten. Später erstrahlt die Mauer Vila Vellas im Scheinwerferlicht und hebt sich vom nachtschwarzen Himmel reliefartig ab.

Lloret de Mar

Man kann sich kaum einen stärkeren Kontrast zu Tossa vorstellen als Lloret de Mar: Ist ersteres eher gemächlich, so ist Lloret keck, voller Leben, lärmend und bewegt.

Es ist eine ungestüme Touristenstadt – mit spanischem Kolorit –, wohl nicht so schön wie Tossa, aber was Nachtleben und Ferienbetrieb schlechthin angeht, gibt es nichts Ebenbürtiges an der Costa Brava. Mehr als 200 Hotels mit einem Kasino, Läden, Diskos, Klubs, Bars und Restaurants häufen sich hinter dem palmenbeschatteten **Passeig Verdaguer.** Diese Seepromenade, vielleicht die eleganteste an der Costa Brava, folgt dem riesigen Bogen der Bucht von Lloret.

Auf einem Felsvorsprung am einen Ende der Bucht fällt eine mächtige Burg auf. Sollten Sie bei näherem Betrachten alles zu perfekt finden und gleichzeitig etwas vermissen, so haben Sie recht: sie wurde erst in diesem Jahrhundert von einem Geschäftsmann aus Barcelona erbaut, dessen Träume und Bankkonto sich ergänzten.

Der Wirrwarr von Straßen, der zum Passeig Verdaguer führt, bildet den Mittelpunkt eines Einkaufszentrums, das Sie nur zu Fuß besuchen sollten. Um Llorets internationalen Charakter wirklich zu erfahren, sollten Sie am frühen Abend in diesem Labyrinth einen Spaziergang machen. Hier wetteifern – inmitten exotischer Düfte und vielsprachiger Leuchtreklamen – deutsche Bierhallen mit englischen Teehäusern und Fish-and-chips-Läden. Smörgåsbord, Spaghetti, Sauerkraut, Würstchen und etliche andere eingeführte Spezialitäten erfreuen sich starker Nachfrage bei sonnengebräunten, vom Strandleben ausgehungerten Horden. Wenn Sie lange stöbern und das Angebot kulinarischer Genüsse sortieren, werden Sie sogar katalanische und kastilische Spezialitäten finden – meist stellt sich dann heraus, daß das Restaurant einem Finnen oder Engländer gehört.

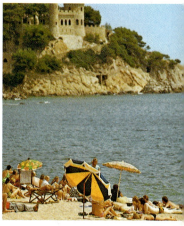

Ein Märchenschloß? Ein Geschäftsmann hat sich seine Träume erfüllt.

Lloret weist heute außer dem Tourismus keine Industrie auf. Seine Geschichte und Tradition reichen allerdings Jahrhunderte zurück. Vermutlich von den Iberern gegründet, wurde es mit Sicherheit von den Römern kolonisiert. Im Mittelalter konnte es sich einer wichtigen Burg rühmen, und im 13. Jh. gründeten italienische Seeleute ihrerseits eine Kolonie.

Die einst bedeutende Werft ist nun verschwunden, und die Fischereiflotte ist bis auf eine Handvoll Boote zusammengeschrumpft, die in der Bucht von La Caleta liegen. Der Tourismus hat alles verändert: Fischer sind zu Bar- und Ladenbesitzern, Bauern zu Grundstücksmaklern, Maurer zu Bauunternehmern geworden. Ein Fischer, dessen Ururgroßvater auf der Suche nach Gold in südamerikanischen Sümpfen starb, fand *seine* Goldmine, ohne die Heimat zu verlassen. Seine Hütte am Meer wurde über Nacht wertvoller Besitz, und an ihrer Stelle steht jetzt ein zehnstöckiges Drei-Sterne-Hotel.

Einige versteckte, ruhige Plätzchen behaupten sich jedoch gegen die Invasion. Ein oder zwei beharrliche Fischer kümmern sich stoisch um ihre Netze; Dienstag ist und bleibt Markttag; am Sonntag eilen schwarzgekleidete Frauen Arm in Arm zur Messe in **Sant Romàn,** der aus dem 16. Jh. stammenden Kirche Llorets, die Ihnen durch ihre vielfarbigen Dachziegel auffallen wird. An lauen Abenden versammelt man sich unter den Palmen des gediegenen Passeig Verdaguer, um die *sardana* zu tanzen.

Llorets beliebtestes jährliches Fest wird zum Gedenken der hl. Christine, einer italienischen Märtyrerin, die von Pfeilen durchbohrt wurde, gefeiert. Ihre Leiche, mit einem Stein beschwert, war ins Meer geworfen und Monate später unversehrt von Fischern aus Lloret gefunden worden. Man brachte sie dann nach Italien zurück – bis auf einen Zahn, der neben einer Blumenkrone noch immer an bestimmten religiösen Feiertagen ausgestellt wird. Der Heiligen zu Ehren entstand auf dem pinienbewachsenen Felsen über dem Strand, an dem sie gefunden wurde, eine **Einsiedelei.** Der einladende Strand wurde nach ihr benannt, und natürlich ist sie auch Schutzpatronin der Fischer von Lloret.

Jedes Jahr am Morgen des 24. Juli fahren geschmückte Boote von Lloret zur etwa 3 km entfernten **Bucht von Santa Cristina.** Für diesen Tag kehren auch ehemalige Seeleute zu ihrem ursprünglichen Beruf zurück, und Hunderte von Dorfbewohnern kommen über die

Landstraße, um die Heilige zu ehren – und hinterher mit ausgelassener katalanischer Fröhlichkeit zu feiern.

Blanes

Für Blanes ist der Tourismus nur eine zusätzliche Gewinnquelle neben der bestehenden ertragreichen Wirtschaft. Die Hochseefischerei wird mit Erfolg betrieben, die Bauern beackern weiter das umliegende Land, und eine florierende Nylonfabrik beschäftigt 4000 Arbeiter. Blanes' lange Geschichte wird durch bemerkenswerte Ruinen bezeugt, und seine Strände können es mit den schönsten der katalanischen Küste aufnehmen. Eine lange Seepromenade mit Spiel-

Die spiegelnde See scheint ins Abenteuer zu locken.

Diese Seebären sind in einem wichtigen Erwerbszweig Blanes' tätig – und verkörpern zudem Tradition.

und Parkplatz säumt einen Strand mit zwei winzigen vorgelagerten Inseln, die die offizielle Grenze der Costa Brava markieren.

Zeichen von Blanes' vergangenem Reichtum können Sie an der Häuserfront der Promenade entdecken; einige dieser aristokratischen Häuser wurden von *indianos* (Rückkehrern aus Lateinamerika) erbaut.

Hinter der Seepromenade hat die Stadt den Charakter eines Fischerortes mit zahllosen engen Gäßchen behalten (obwohl diese Industrie nun zweitrangig ist).

Die wilde Schönheit der Klippen entlang der Küste nördlich von Blanes hat viele Naturfreunde dazu bewogen, sich hier niederzulassen. Einer der ersten war Carlos Faust – 1874 als Karl in Deutschland geboren –, der in seiner Jugend nach Spanien auswanderte. Nachdem er in Barcelona ein Vermögen gemacht hatte, kaufte er im Norden Blanes' ein Stück Land mit Ausblick über das Mittelmeer. Dort legte er 1928 einen Garten an, den er **Marimurtra** (Meer und Myrte) nannte und der in der ganzen botanischen Welt berühmt wurde. Nach seinem Tode 1952 fiel der Garten an eine Stiftung, und er wird jetzt von Botanikern und Gärtnern gepflegt. Marimurtra enthält mit mehr als 3000 verschiedenen Arten von Bäumen, Büschen und Blumen die gesamte Flora der Mittelmeergebiete. Von der Rotonde auf einem Felsvorsprung am Rande des Gartens erblicken Sie ein Kapuzinerkloster und genießen eine atemraubende Sicht auf Küste und Meer. Die Schönheit und die berauschenden Farben der Blumen bilden eine willkommene Abwechslung zum Strand.

Am Hafenkai sind gleich zwei Einblicke in die Meereswelt möglich: im **Aquarium** erschließt sich das lebendige Panorama der mediterranen Unterwasserwelt, und auf der täglichen Fischauktion wird das, was daraus Genuß verspricht, unter den Hammer gebracht.

Beachten Sie in der Stadt die **Pfarrkirche von Santa Maria.** Im 14. Jh. erbaut, mußte sie nach starken Beschädigungen im Bürgerkrieg restauriert werden, doch die Fassade hat ihren Charme behalten. Im Innern tragen die Schlußsteine des Gewölbes das Wappen der Familie Cabrera, die einst ganze Landstriche Kataloniens besaß. Ihr Palast war damals an die Kirche angebaut, doch heute erinnert nur noch etwas Schutt an die Existenz dieses Gebäudes.

Blanes ist die südlichste Küstenstadt in der Provinz Girona. Wir sind damit ans Ende der Costa Brava gelangt. Die Küste ändert nun ihren Charakter, lange Sandstrände künden den Beginn der Costa del Maresme an.* Landeinwärts von Blanes und an der Grenze zur Provinz Barcelona liegt das malerische Städtchen HOSTALRIC mit seinen Mauern aus dem 11. Jh.

---

* In dem Berlitz-Reiseführer BARCELONA UND COSTA DORADA finden Sie erschöpfende Auskunft über alles, was Sie dort sehen und unternehmen können.

Werk eines deutschen Auswanderers: die 1928 entstandenen Gärten von Marimurtra.

Girona – Hauptstadt der Costa Brava

Eine Stadt voller Brücken und Treppen – das ist vermutlich Ihr Eindruck von Girona, Gerona auf kastilisch. Sie werden von dieser kleinen Stadt überrascht sein. Die Altstadt hält immer wieder eine Entdeckung bereit. Treppen, die durch jahrhundertelanges Begehen ausgetreten sind, führen durch von Unkraut überwucherte Arkaden. Enge Gassen, holprige Steige zwischen verwitterten Mauern erschließen Ihnen ein mittelalterliches Panorama.

Girona, die Hauptstadt der Provinz und eigentlich auch der Costa Brava, liegt nur 35 km vom nächsten Badeort, Sant Feliu de Guíxols, entfernt und weniger als 80 km von Portbou, dem am weitesten entfernten. Ein Besuch in diesem engen Ort mit seiner langen Geschichte ist eine ideale Gelegenheit, das Leben in einer spanischen Stadt kennenzulernen, und bietet gleichzeitig die Möglichkeit, zu vernünftigen Preisen einzukaufen. Von überall an der Costa Brava können Sie den Ausflug hierher bequem an einem Tag unternehmen.

GIRONA ALTSTADT

Girona wurde mehrere Jahrhunderte vor Christi Geburt am Zusammenfluß des Río Ter und des Río Onyar (Oñar auf kastilisch) gegründet. Zehn Brücken und ein ganzer Platz verbinden die beiden Ufer des Onyar, der die Stadt durchschneidet. Obwohl der Onyar normalerweise 3 m unterhalb der Häuser und Läden liegt, deren Fenster romantisch auf das Wasser schauen, ist er eine regelmäßige Quelle des Unheils für die Gironeser gewesen. Wie die Chroniken beweisen, tritt der Fluß in jedem Jahrhundert acht- bis zehnmal über die Ufer.

Der Onyar trennt die Stadt in zwei Teile, was Ortsfremden die Orientierung erleichtert. Auf der einen Seite ist das alte Viertel, **Barri de la Catedral,** wo der Besucher alles Sehenswerte findet, auf der anderen das Barri del Mercadal, das viel größere Geschäfts- und Wohnviertel.

Eine sehr typische Straße der Altstadt ist die steile und schmale **Carrer de la Força,** die einst das Herz des alten jüdischen Viertels war. Kunstgalerien, Antiquitätenläden, Druckereien und Buchläden passen sich der strengen gotischen Architektur der alten Gebäude an. Nr. 13 ist das **Museu de la Ciutat** (Museum der Stadtgeschichte), das vornehmlich die Kriegsgeschichte Gironas bezeugt. Daneben ist ein ganzer Raum der Ausstellung von Notenmanuskripten der gironesischen *sardana* gewidmet.

Gehen Sie die Carrer de la Força hinauf, so wird Ihnen bewußt, daß sich das Leben seit dem Mittelalter nicht entscheidend geändert hat – abgesehen von dem Autoverkehr, der hier in den engen Einbahnstraßen nur schwer vorankommt.

Die Carrer de la Força mündet direkt in den Plaça Catedral. Eine barocke Freitreppe mit 90 Stufen führt zur Hauptfassade mit dem Eingangstor der Apostel, das während des Bürgerkrieges leider stark gelitten hat, so daß nur noch zwei der zwölf Apostelstatuen Originale sind. Die **Kathedrale** soll von Karl dem Großen gegründet worden sein, doch der heutige Bau stammt aus dem 14. und 15. Jh. Im Innern erwartet Sie ein weites, aber harmonisch proportioniertes Hauptschiff – das mit 32 m breiteste von Europa –, von dem 30 Seitenkapellen abgehen. Wenn das Licht ausreicht, sollten Sie sich die Schlußsteine der Kapellen – jeder ein Meisterstück – genauer ansehen.

Durch die riesigen farbigen Glasfenster fällt das gedämpfte Licht auf die vergoldeten Altäre der Seitenkapellen und erleuchtet das majestätische Schiff – ein eindrücklicher Anblick. Der prächtige Hochaltar mit der Altarwand aus Silber und Edelsteinen entstand im 14. Jh., doch die marmorne Altarplatte stammt noch aus der ersten Kirche. Der **Kirchenschatz** in dem neben der Kathedrale gelegenen Domkapitel enthält zwei wichtige Ausstellungsstücke: einen Wandteppich aus dem 12. Jh., der in gedämpften Farben die Schöpfungsgeschichte erzählt, und das *Buch der Apokalypse*, eine im Jahre 975 im asturischen Kloster von Liébana entstandene illuminierte Handschrift mit Texten und Kommentaren eines Mönches namens Beato. Zu sehen sind auch großartige Beispiele mittelalterlicher Goldschmiedekunst, wunderbare katalanische Holzskulpturen und Gemälde sowie einige sehr schöne maurische Truhen.

In einer Gegend, deren Kirchenarchitektur berühmt ist, nimmt der **Kreuzgang** von Gerona eine Sonderstellung ein. Da gibt es beredte Darstellungen zum Alten Testament: Die beiden Engel, die das Paradies bewachen, sitzen auf einer Mauer, ins Gespräch vertieft, während ein bärtiger Adam gerade in den verhängnisvollen Apfel beißt. Den friedlichen Kreuzgang beherrschend, ragt der romanische Glockenturm aus dem 12. Jh., genannt Turm Karls des Großen, imposant in die Höhe.

Zu Füßen der Kathedrale findet sich die **Església Sant Fèlix** (des hl. Felix), die angeblich über den Katakomben steht, in denen im 4. Jh. der hl. Narzissus sein Martyrium erlitt. Die Katakomben waren Gironas erste christliche Begräbnisstätte. Der hl. Felix, auch er ein Märtyrer, war im 4. Jh. Bischof von Girona und ist nun Stadtpatron. Die Fundamente der Kirche wurden im 13. Jh. gelegt, der achteckige gotische Kirchturm 1392 vollendet. Er wurde eigentlich durch einen Zufall zum Wahrzeichen der Stadt, denn 1581 wurde die Spitze von einem Blitz abgetrennt und nie wieder aufgesetzt. Im Innern der Kirche sehen Sie frühchristliche Sarkophage sowie das Grab des hl. Narzissus.

Hinter einer Mauer in der Nähe der Kathedrale befinden sich die sogenannten **Banys àrabs** (Arabische Bäder), die in Wirklichkeit 400 Jahre nach der Vertreibung der Mauren gebaut wurden. Sie imitieren einen maurischen Stil, der sich wiederum an römischen Bädern orientierte. Besuchen Sie das achteckige *frigidarium* (kaltes Bad), das *tepidarium* (warmes Bad) und das *caldarium* (heißes Bad).

Gironas bescheidenes **Museu Arqueològic Provincial** ist in einem Gebäude von außergewöhnlicher Schönheit untergebracht, dem früheren, rein romanischen **Benediktinerkloster Sant Pere de Galligans** aus dem 12. Jh. Es enthält griechische und römische Gegenstände aus Empúries, Gemälde – darunter Werke von Tintoretto und Murillo – und eine seltene Druckerpresse aus dem 17. Jh. Jeden Mai findet unter den kühlen Arkaden des Kreuzganges die meistbesuchte Blumenschau der Provinz Girona statt. Haben Sie noch Zeit, so verpassen Sie die romanische Kirche Sant Nicolau seitlich des Museums nicht.

Steigen Sie neben Sant Pere einige Treppen hinauf, erreichen Sie den **Passeig Reina Joana,** eine den mittelalterlichen Mauern folgende Promenade. Diese Wälle beschützten Girona während insgesamt 34 Belagerungen – nicht immer ganz erfolgreich. Mauern, Ruinen, Befestigungen, alte Häuser – manche bewohnt, manche leer – wechseln über mehrere hundert Meter ab: Was noch steht, bezeugt Größe und Niedergang einer Stadt, die gebaut wurde, um die Ebene

Die unvergleichlichen Fassaden Gironas spiegeln sich im Rio Onyar wider.

zwischen den Pyrenäen und dem Meer und damit das Einfallstor nach dem Süden zu bewachen.

Die besten Einkaufsmöglichkeiten finden Sie in der malerischen Altstadt. In den jahrhundertealten Läden mit bemalten hölzernen Fassaden können Sie sich ruhig Zeit lassen. Hier in dem Durcheinander der Straßen von Girona gedeiht das Geschäft, ohne daß die Kunden von nervösen Verkäufern gehetzt werden oder in Supermärkten Vorverpacktes von den Regalen nehmen müssen. Lebensmittelhändler stellen schmackhafte Spezialitäten – Wurstwaren und Käse – aus, schöpfen Getreide aus offenen Fässern und Oliven aus großen Behältern. Alte Frauen sticken Ihre Initialen in Leinenwäsche, und eine *corsetería* (Korsettgeschäft) stellt hilfsbereit für jeden Bedarf passende Unterwäsche her.

Jede Stadt in Spanien hat ihren eleganten Treffpunkt. In Girona erfüllt die schattige Rambla de la Llibertat entlang des Rio Onyar diese Rolle. Am Morgen, wenn die Blumenverkäufer zwischen ihren Blumen und Pflanzen stehen, strahlt sie in allen Farben, am späten Nachmittag trifft man sich zu Aperitif und Klatsch, am Abend treten die *sardana*-Tänzer an, und die jungen Leute spazieren, Arm in Arm, plaudernd auf und ab.

Treppen, Brücken, Arkaden – das ist Gironas Altstadt.

Die Straße nach Andorra

Nachdem die Straße nach Andorra die Küste und Girona verlassen hat, steigt sie an zu den Pyrenäen. Im großen und ganzen folgt sie der sogenannten Romanischen Straße, an der Sie zahlreiche Beispiele dieses Baustils bewundern können.

Während die romanische Kunst in anderen spanischen Provinzen arabische Einflüsse aufgenommen hat, weist sie in Katalonien eher lombardische und fränkische Züge auf. Die Gironeser Straße geht auf der französischen Seite der Pyrenäen in die *Route Romane du Roussillon* über: Roussillon war einst Teil des vereinigten Königreiches Aragonien-Katalonien, bis es 1659 im Pyrenäenfrieden Frankreich zugesprochen wurde.

Banyoles

Banyoles, 18 km von Girona entfernt, bietet einen für Spanien seltenen Anblick: die Stadt liegt an einem Binnensee! Überreste seiner Vergangenheit sind in dem von den Westgoten gegründeten Ort überall zu finden: ein Kloster aus dem 9. Jh., eine Kirche aus dem 13. Jh. und der **Plaça d'Espanya,** von Arkaden und Häusern aus dem 15. Jh. umgeben. Das in einem sorgfältig restaurierten Haus aus dem 15. Jh. untergebrachte **Museu Arqueològic** zeigt römische und mittelalterliche Funde und beherbergt das Geschichtsarchiv der Stadt.

Der **See** ist ein friedlicher Treffpunkt mit Cafés, Pär-

Banyoles ist für Spanien eine Seltenheit: eine Stadt mit einem See.

chen in Ruderbooten und Malern, die die reizvolle Szenerie auf der Leinwand festhalten. Banyoles bietet auch Anglern ein Ziel und ist Veranstaltungsort für Segel- und Wasserskiwettkämpfe.

Auf der anderen Seite des Sees liegt **Porqueres,** ein Weiler mit zwei Häusern und einer kleinen romanischen Kirche (12. Jh.). Von Bäumen umrahmt, ist sie ein perfektes Beispiel für die Harmonie von Architektur und Natur.

Besalú

Wie keine andere Stadt vermittelt Besalú den Geist Kataloniens während seiner Blütezeit. Möglicherweise wurde der Ort von den Kelten gegründet, war zweifellos ein bedeutender Stützpunkt zur Zeit der Römer und erreichte seinen Zenit zwischen dem 9. und 12. Jh. als Sitz der Grafen von Besalú.

Einer der bedeutendsten Zeugen der Vergangenheit, auf die Sie in den engen, gepflasterten Gassen stoßen, ist die **Església de Sant Vicenç** (des hl. Vinzenz). Sie wurde während des Bürgerkrieges beschädigt, und als man mit der Restaurierung begann, fand man unter dem Altar eine Urne mit Goldmünzen und Reliquien. Das **Monestir de Sant Pere** (St.-Peters-Kloster) und die Ruinen der romanischen **Església de Santa Maria** (Marienkirche) aus dem 10. und 11. Jh. sind im oberen Teil der Stadt gelegen, an der Stelle, an der einst eine Burg stand. Das Gelände befindet sich heute in Privatbesitz. Besalús berühmteste Sehenswürdigkeit, die kein Autofahrer verpassen kann, ist die befestigte **mittelalterliche Brücke,** die kürzlich restauriert und unter Denkmalschutz gestellt wurde. Wie so oft in Spanien, überquert hier eine massive Konstruktion ein fast ausgetrocknetes Rinnsal.

Zwischen Besalú und Olot, etwa 20 km entfernt, liegt das Dorf **Castellfollit de la Roca** auf einem Felsvorsprung 100 m über dem Rio Fluvià. Seine Kirche und die Häuserreihen scheinen über dem Abgrund zu hängen wie der gigantische Bug eines gestrandeten Schiffs, während dahinter die Terrassenfelder den Berg hinanklimmen. Es ist ein großartiger Anblick, besonders in hellen Nächten.

Camprodon

Die kurvenreiche Straße führt uns von Olot zu dem 30 km nördlich gelegenen Camprodon. Hier befinden wir uns in einer anderen Welt: Die Luft ist klar und kühl, die Läden sind vollgestopft mit pyrenäischen Würsten, Käse und Schinken. Camprodon, in fast 1000 m Höhe gelegen und nur 17 km von der französischen Grenze entfernt, ist ein besonders hübsches Bergdorf. Bevor Sie es betreten, sollten Sie sich das **Monestir de Sant Pere** (St.-Peters-Kloster) aus dem 10.Jh. ansehen.

Der Ort ist am Y-förmigen Zusammenfluß des Río Ter und des Río Ritort entstanden. Mittelpunkt ist die Pont Nou (Neue Brücke) mit ihren hohen Bogen aus dem 15.Jh. Die Gironeser kommen am Wochenende gern hierher, um zu angeln, zu jagen oder in der Nähe Ski zu fahren.

Zum Zauber des Dorfes tragen wesentlich die Häuser bei, die über dem Ter hängen. Kaum zu glauben, daß derselbe Fluß, der hier wild die Berge hinabstürzt, unten in Girona fast das ganze Jahr so träge dahinfließt.

Ripoll

Die Straße, die von Camprodon zum etwa 24 km entfernten Ripoll hinabführt, folgt der Route, die Pilger und Reisende aus Frankreich von jeher einschlugen. Unterwegs lohnen das hübsche Dorf **Sant Pau de Segúries** und das **Monestir de Sant Joan de les Abadesses** (Kloster des hl. Johannes der Nonnen) einen Besuch. Das zierliche Maßwerk im Kreuzgang verrät den französischen Einfluß. Beachten Sie auch **Sant Misteri**, eine bemerkenswerte holzgeschnitzte Kreuzigungsgruppe von 1250.

Das **Monestir de Santa Maria de Ripoll** ist das Maria Laach Kataloniens. Es nimmt eine Schlüsselstellung auf der Romanischen Straße ein und besitzt überdies – ähnlich wie Montserrat – Symbolwert: Kataloniens Seele, Geschichte und ganzes Trachten sind damit verknüpft. In der Kirche ruhen die Gebeine der katalanischen Freiheitshelden Wifredo el Velloso (Wilfried der Haarige), Grafen von Barcelona und ersten Herrschers des unabhängigen Katalonien, Berenguers III., der das Königreich ausbaute und eine Flotte schuf, und Berenguers IV. (später kanonisiert), der die Mauren aus seinem Reich vertrieb. Ein Teil der Kirche ruht auf noch älteren Fundamenten, die jetzt ausgegraben werden.

Auf Anordnung von Wifredo el Velloso im 9.Jh. gegründet, verband das Kloster die Katalanen, wurde bedeutender strategischer Punkt und kulturelles Austauschzentrum zwischen der iberischen Halbinsel und dem europäischen

Festland. Der Niedergang der Grafen von Barcelona hatte zur Folge, daß auch das Kloster während Jahrhunderten an Bedeutung einbüßte.

Im Jahre 1835 war das Marienkloster nur noch eine Ruine. Allein durch Fleiß und Mühe des Bischofs Morgades wurde das Gebäude vor dem totalen Verfall bewahrt. Noch vor Ende des Jahrhunderts konnte der greise Prälat das vollendete Werk besichtigen, und das Kloster wurde wieder geweiht.

Das Prunkstück der Kirche ist das romanische **Portal** aus dem 12. Jh., das als »steinerne Bibel« und »Triumphbogen des Katholizismus« bezeichnet wird. Über 200 Steinfiguren stellen in sieben übereinanderliegenden Reihen Szenen aus dem Alten und dem Neuen Testament dar. Als herausragendes Beispiel echter Volkskunst illustrierte dieses Relief die Bibel in einer leichtverständlichen Art für die Landbevölkerung, die meist nicht lesen konnte. Um die Geschichte lebendiger zu gestalten, wurden die Personen in zeitgenössischer katalanischer Tracht dargestellt.

Eine andere Kostbarkeit ist Santa Marias zweistöckiger romanischer **Kreuzgang**, der zwischen dem 12. und 14. Jh. erbaut wurde. Der trapezförmige Innenhof ist von 252 Säulen (126 auf jedem Stock) mit zierlich ausgeformten Kapitellen umgeben, von denen aus die graziösen Bogen sich emporheben. Die älteren Säulen sind aus rötlichem Jaspis gefertigt.

Santa Maria de Ripoll braucht einen Vergleich nicht zu scheuen.

Die **Església de Sant Pere** (St. Peterskirche) beherbergt die Lambert-Mata-Bibliothek sowie das Archiv und Museum von Ripoll. Im Museum ist eine ausgezeichnete Sammlung von Volkskunst, Haushaltsgegenständen, Arbeitsgeräten, Spielzeug, Keramik und Textilien zu sehen, die das katalanische Landleben der letzten Jahrhunderte veranschaulichen.

Das Füstentum verbirgt sich zwischen den Bergspitzen der Pyrenäen, von Spanien und Frankreich umgeben. Von den 26 000 Einwohnern sind nur knapp 8000 in Andorra geboren und aufgewachsen. Der

In Camprodon spüren Sie schon die frische Pyrenäenluft...

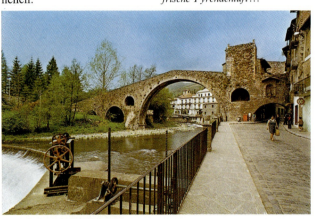

Andorra

Niemand darf behaupten, er habe die Welt gesehen, ohne in Andorra gewesen zu sein. Dieser fast 500 km² große politische Anachronismus hängt stolz an seinem Anspruch fest, »größter Kleinstaat Europas« zu sein.

Rest sind Immigranten, die durch die Bergluft und... die Einkommenssteuer – es gibt keine – angelockt wurden.

Die Geschichte Andorras, das 700 Jahre lang erbittert seine Unabhängigkeit verteidigt hat, und seine außergewöhnliche landschaftliche

Schönheit interessieren die meisten der heutigen Besucher kaum: Sie steuern geradewegs auf die billigen Kameras, Hi-Fi-Geräte und den Whisky zu. Für sie ist die Calle Meritxell in der Hauptstadt **Andorra La Vella** ein Dorado.

In Andorra einigte man sich auf Katalanisch als offizielle Landessprache. Spanisch und Französisch versteht hier fast jeder, aber auch Deutsch und Englisch sind in den Geschäften sehr nützlich. Sowohl französische Francs als auch spanische Peseten sind gültige Währung. In der Praxis wird überhaupt fast jede ausländische Währung von den Händlern angenommen. In den kleineren Läden können Sie durchaus feilschen; ein wenig Hartnäckigkeit mag Ihnen einen 10%igen Preisnachlaß bringen!

Andorra hat keine Armee. Es gelang ihm, sich aus den beiden Weltkriegen und dem Spanischen Bürgerkrieg herauszuhalten. Obwohl es eine 24 Mann starke Polizeitruppe gibt, existiert kein Gefängnis. Verbrechen sind selten – abgesehen von gelegentlicher Schmuggelei. Die Hauptaufgabe der Polizei besteht darin, die 10 000 zollfreien einheimischen Autos, die durch die Straßen rasen, zum Langsamfahren zu bewegen. Bezeichnenderweise machen Bußgelder einen großen Teil des Staatseinkommens aus.

Seit 1278 steht Andorra unter der gemeinsamen Oberhoheit des spanischen Bischofs aus dem nahegelegenen Urgel und des französischen Grafen von Foix (dessen »Rechte« jetzt vom französischen Staatspräsidenten wahrgenommen werden). Noch zahlt Andorra eine Abgabe. Jährlich abwechselnd erhalten der französische Staatspräsident 900 Francs und der spanische Bischof 450 Peseten, 6 Schinken, 12 Hühner und 24 Laib Käse.

Besuchen Sie die Casa dels Valls (Haus der Täler) aus dem 16. Jh., in der Parlament und Gericht tagen. Jede der sechs Gemeinden hat jeweils einen Schlüssel zu der Truhe mit den Landesdokumenten.

Andorra ist auf den Tourismus angewiesen, aber immer noch ist das Straßennetz kürzer als alle Forellenbäche zusammengenommen. Die Jäger erfreuen sich an dem rund 150 km² großen Wildreservat mit Kaninchen, Hasen, Rebhühnern und Gemsen.

Skifahrer finden ihren Spaß in Grau Roig, Soldeu und Arinsal. Und in Les Escaldes sprudeln Heilquellen.

Barcelona

Wenn Sie für Ihren Besuch in Barcelona nur wenig Zeit haben*, machen Sie am besten einen Rundgang durch die Altstadt. Können Sie Ihren Aufenthalt in der Hauptstadt Kataloniens aber ausdehnen, gibt es natürlich genügend weitere Sehenswürdigkeiten: das moderne Barcelona, das mit seinen langen, baumbestandenen Avenuen im 19. und frühen 20. Jh. entstand, das Hafenviertel voller Atmosphäre und Lokalkolorit oder Montjuïc, der Berg im Süden der Stadt (mit Sessellift oder Gondelbahn zu erreichen), auf dem es vom Vergnügungspark bis zum Museum für jeden Geschmack etwas gibt.

Gotisches Viertel

Das Kernstück des alten Barcelona, das Barri Gòtic, sind die Häuser und Straßen um die Kathedrale. Hier finden sich Erinnerungen an fast jedes Jahrhundert, seit sich die Iberer vor über 2000 Jahren als erste hier niederließen.

Wo heute die Kathedrale steht, weihten vormals die Römer Herkules einen Tempel (in der Carrer del Paradís können Sie noch drei Säulen sehen). Auch zwei frühe christliche Basiliken standen dort, ehe zwischen 1298 und 1454 die **Catedral de Santa Eulalia** erbaut wurde. Die Hauptfassade ist freilich nicht so alt, sie wurde erst Ende des 19. Jh. gebaut, als die Restaurierungsarbeiten begannen. Einige Kritiker klagen, man habe dadurch die reine Wirkung katalanischer Gotik zerstört. Doch lassen Sie sich nicht davon beeinflussen – kommen Sie eines Nachts wieder, wenn die Türme beleuchtet sind und von innen her warmes Licht durch die farbigen Glasfenster strömt: ein eindrücklicher Anblick.

Im Innern fällt die für die katalanische Gotik typische Einteilung in drei Schiffe auf, die durch ihre Proportionen ein Gefühl der Weite und Erhabenheit vermitteln. Unglaublich schlanke, emporragende Säulen tragen das Hauptschiff. Das gedämpfte goldene Licht, das durch die 500 Jahre alten farbigen Glasfenster dringt, verstärkt den außerordentlichen Eindruck von Weiträumigkeit, der als eines der hervorstechendsten Merkmale dieser Architektur gilt.

---

* Bleiben Sie aber länger als nur einen Tag, so finden Sie in dem BERLITZ REISEFÜHRER BARCELONA UND COSTA DORADA erschöpfende Auskunft darüber, was Sie in der Stadt sehen und unternehmen können.

Sehen Sie sich unter dem Hochaltar die Krypta der hl. Eulalia an, der 13jährigen Märtyrerin, der diese Kathedrale geweiht ist. Ausführliche Reliefdarstellungen auf dem Alabastersarkophag aus dem 14. Jh. vermitteln wirkungsvoll die Einzelheiten ihrer grausamen Qualen und ihrer Hinrichtung. Hinter dem Altar erblicken Sie in der Kapelle des Heiligen Sakramentes den Christus von Lepanto, ein Bildnis, das Juan de Austria in der Seeschlacht von Lepanto (Spanier und Venezianer gegen die Türken, 1571) mit sich trug.

Ein ungewohntes Schnattern wird Sie nun in den **Kreuzgang** locken, wo Sie eine Schar Gänse begrüßt, die sich in einem Teich tummeln, umgeben von Palmen, einem Brunnen und feiner gotischer Architektur. Wie ihre Vorfahren seit vielen hundert Jahren, geben die Gänse hier buchstäblich den Ton an.

Der Stolz des **Museu de la Catedral** mit seinen bis ins 14. Jh. zurückreichenden religiösen Malereien und Skulpturen ist zweifellos die *Piedad del Arcediano Desplá*. Sie wurde 1490 von Bartolomé Bermejo im Auftrag des egozentrischen Erzdiakons Desplá ausgeführt, der im Vordergrund knieend dargestellt ist.

Ein kurzer Spaziergang zur Carrer de la Tapineria – wo einst Schuster ein Schuhwerk namens *tapín* herstellten – führt zum Plaça de Berenguer el Gran. Hinter der modernen Reiterstatue von Ramón Berenguer III. (der Katalonien von 1096 bis 1131 regierte) steht eine wiederaufgebaute römische Mauer, der Sie auf beiden Seiten der Plaça de l'Ángel ein gutes Stück folgen können.

Im nahen **Museu d'Història de la Ciutat** (Museum der Stadtgeschichte), einem hübschen Palast aus dem 16. Jh., finden Sie Gemälde, Zeichnungen, Wandteppiche und Karten sowie Dokumente zur geschichtlichen Entwicklung der Stadt. Aber die größte Sehenswürdigkeit liegt unter der Erde. Im Kellergeschoß des Museums folgen nämlich unterirdische Gänge den Überresten einer Siedlung, die die Römer Julia Faventia Augusta Pia Barcino nannten. Sie können die Grundmauern der Häuser, die Wasserleitungen, Straßen und Marktplätze besichtigen. Gegenwärtig wird die gut beleuchtete archäologische Fundstätte bis unter die Kathedrale erforscht.

Die Fenster des Museums gehen auf die **Plaça del Rei** (Königsplatz), wo im Mittelalter die Bauern ihre Erzeugnisse verkauften und die Schlosser ihre Werkstätten hatten. Vorne der **Saló del Tinell** (Tinell-Saal), wo Kolumbus angeblich bei seiner Rückkehr aus Amerika von Ferdinand und Isabella begrüßt wurde. Die stützenlose Decke in dem großen Empfangssaal ist ein architektonisches Meisterwerk.

Neben dem Saal ist das Archiv des Königshauses von Aragonien (mit Dokumenten, die bis ins 9. Jh. zurückgehen) untergebracht. Das Archiv können Sie nicht besichtigen, es sei denn, Sie erhielten eine Studienerlaubnis.

Zwei andere herausragende Gebäude der mittelalterlichen profanen Architektur bleiben

Blick über Barcelonas Dächer von Gaudis Parc Güell.

zu besichtigen: Generalitat und Casa de la Ciutat oder Ajuntament, die einander an der Plaça Sant Jaume gegenüberstehen. Die **Generalitat,** Sitz der autonomen Regierung Kataloniens, ist im Innern sehr schön ausgeschmückt, vor allem im Saal des hl. Georg. Es wird Ihnen

jedenfalls nicht entgehen, daß der hl. Georg der Schutzpatron Kataloniens ist. Sie finden Darstellungen dieses Heiligen überall in der Stadt. Erwähnenswert ist auch der Innenhof mit den Orangenbäumen.

Die **Casa de la Ciutat** (Rathaus) sollten Sie von der Carrer de la Ciutat aus betrachten, um die seit dem 14. Jh. unveränderte Fassade bewundern zu können. Das Gebäude dient von Zeit zu Zeit noch zeremoniellen Anlässen, und der aufwendige Saló del Consell de Cent (Saal des Rates der Hundert) aus dem 14. Jh. tut jeder Versammlung Ehre an.

La Rambla

Die Rambla ist eine in Ost-West-Richtung verlaufende breite, an die 2 km lange Promenade, die zwischen den Fahrbahnen einer Hauptverkehrsader liegt. Eigentlich ist sie aber ein riesiger Marktplatz, ein Wirrwarr voll Klatsch und regem Caféleben, ein Versteck für Diebe und ein Treffpunkt für Liebespaare. Unter den Platanen der Rambla vermischt sich alles, was zu Barcelona gehört.

An sozusagen jeder zweiten Kreuzung verändert die Rambla ihren Charakter und auch ihren offiziellen Namen: Rambla dels Estudis, Rambla dels Caputxins, Rambla de Santa Mónica und so weiter – fünfmal im ganzen! Verständlich, daß man häufig einfach von Les Rambles spricht.

Die Rambla in ihrer ganzen Länge zu erkunden, von der Plaça de Catalunya bis zum Monument a Colom (Kolumbusdenkmal), ist ein Erlebnis. Sie können Kanarienvögel, Affen, Mäuse, Schildkröten kaufen; Nelken, Orchideen, Topfpflanzen oder Paradiesvogelblumen, eine Tüte Nüsse oder eine einzelne Zigarette. An den Ständen liegen alle Zeitungen und Magazine Europas auf, Zigeuner bieten unter der Hand Uhren an, und Lotterieverkäufer garantieren beinahe, daß Sie mit Ihren Losen eine Million gewinnen werden.

Brauchen Sie eine Pause? Dann setzen Sie sich in eines der unzähligen Cafés entlang der Rambla und bewundern die Kellner, die ihre Tabletts gekonnt durch das Menschen- und Autogewirr hin und her balancieren.

Sie können auch den Trubel der Rambla verlassen und sich

Barcelonas Sagrada Familia – Symbol der Jugendstil-Architektur und des Katalanentums.

durch eine kleine Passage zur stattlich-beschaulichen **Plaça Reial** (Königlicher Platz) begeben, dem architektonisch ausgewogensten Platz der Stadt. Sonntagmorgens verwandeln Briefmarken- und Münzsammler das von Arkaden umstandene Geviert zu ihrem Tummelplatz, und dann können Sie sich hier auch die ernst dreinblickenden Profis anschauen, die sich mit eigener Lupe und Pinzette bewaffnet an Schaukästen und Alben gegenübersitzen. Oder mieten Sie doch einfach einmal einen Stuhl in der Mitte der Rambla: Diese Art der »Katalonien-Studien« kostet Sie nicht viel, und da bleibt man dann auch nicht selten ein wenig länger sitzen.

Auf der anderen Seite der Promenade befindet sich der **Mercat de Sant Josep** (Markt des hl. Joseph, auch Boqueria genannt). Bahnen Sie sich Ihren Weg durch die Menge geschäftiger Hausfrauen, die lautstark ihre Einkäufe tätigen. Das Angebot an Früchten, Gemüse, Fleisch, Fisch und Meeresfrüchten ist eine Augenweide.

Der **Palau de la Virreina** gleich neben dem Markt zählt zu den prächtigsten Gebäuden an der Rambla. Er beherbergt das städtische Kulturamt, daneben das Postmuseum und ein für Spezialisten bedeutendes Münzkabinett. Andere Stockwerke des Palastes werden für örtliche Ausstellungen benutzt.

Einer der größten und weihevollsten Opernsäle der Welt, das **Gran Teatre del Liceu**, versteckt sich hinter einer schlichten Fassade weiter unten an der Rambla. Und an der Carrer Nou de la Rambla, ein paar Meter von der Hauptstraße entfernt, steht der **Palau Güell,** einer der großen Bauten des berühmten spanischen Jugendstil-Architekten Antoni Gaudí (1852–1926).

Südlich der Carrer Nou de la Rambla beginnen die lärmigen Straßen des berüchtigten **Barri Chino** (Chinesenviertel). Die Prostitution ist zwar seit 1956 in Spanien verboten, doch scheint die Kunde noch nicht bis in die schummrigen Bars des Barri Chino mit seiner unverwechselbaren Hafenviertel-Atmosphäre gedrungen zu sein.

Das überschäumende Leben, die Formen und Farben in der Rambla werden in Ihnen noch die Erinnerung an Spanien wachrufen, wenn alle anderen Eindrücke schon längst in Ihrem Gedächtnis verblaßt sind.

Was unternehmen wir heute?

Sport und Erholung

Dem heißen Sommer und dem milden Winter verdankt die Costa Brava ihren Ruf als ganzjähriges Sportlerparadies. Dank der langgestreckten Küste mit ihren weitläufigen Stränden und versteckten Buchten ist der Wassersport hier natürlich am beliebtesten. Es wird für jeden Geschmack etwas geboten, sowohl dem Sportler als auch dem, der nur Erholung sucht.

An der Costa Brava werden Sie aber auch einem Feind begegnen: Lassen Sie sich von der freundlich strahlenden Mittelmeersonne nicht täuschen. Wenn Sie nicht aufpassen, können Sie sich schon am ersten Nachmittag innerhalb von 3 oder 4 Stunden eine prächtige Krebsfarbe zuziehen. Sonnenbrand ist nicht nur schmerzhaft, er wird auch Ihre Ferien verderben. Begnügen Sie sich am Anfang also mit einer halben Stunde zweimal täglich, bis Sie genug »Grundfarbe« haben. In der Zwischenzeit sollten Sie stets ein Hemd oder eine Bluse tragen. Ein Hut ist auch keine schlechte Idee.

Die Costa Brava auf einen Nenner gebracht...

Bootssport

An den meisten großen Stränden können Sie Wasserfahrzeuge irgendeiner Art mieten. Manche größere Hotels mit eigenem Strand haben sogar Segeljollen. Die Preise sind in den letzten Jahren stark angestiegen, schwanken aber beträchtlich von Ort zu Ort.

Patines (Tretboote) sind mit einem Steuer ausgestattet und auch für kleine Kinder in Begleitung Erwachsener gefahrlos. Mehr als zwei Erwachsene und ein Kind tragen sie meist nicht. Die Vermieter achten nicht immer genügend auf die Wetterbedingungen: Fahren Sie also nicht bei starkem Landwind hinaus – sonst gehen Sie vielleicht erst in Italien wieder an Land!

Gondolas sind kleine, flache Einsitzer, obwohl sie auch zwei Personen viel Spaß bieten. Sie werden mit einem Doppelpaddel bewegt und kentern leicht. Deshalb sind sie für kleinere Kinder oder Nichtschwimmer ungeeignet.

Schnorcheln

Schnorcheln ist ein sehr beliebter Sport im klaren Wasser der Costa Brava. Die zerklüftete Küste hat viele kleine Buchten, die man nur mit einem Boot oder nach einem Abstieg über steile Felsen erreicht. Eine »Grundregel« beim Schnorcheln: je steiler die Küste, je abgeschlossener die Bucht, desto größer der Fisch...

Doch auch an zugänglicheren Stellen macht das Schnorcheln Spaß. Versuchen Sie mal, in flachem Wasser mit den Händen einen kleinen Tintenfisch zu fangen (an tiefen Stellen sollten Sie es lieber nicht versuchen). Wollen Sie ihn verspeisen? Dann stülpen Sie ihn um, schlagen ihn auf einem Felsen weich und lassen ihn 24 Stunden an der Sonne trocknen: in dünne Scheiben schneiden und auf einem Holzkohlenfeuer grillieren, mit Zitrone beträufeln – und dazu gibt's Weißwein.

Preiswerte Ausrüstungen können Sie überall kaufen – von der einfachen Taucherbrille bis zum ausgetüftelten Harpunengewehr.

Schwimmen

Natürlich ist Schwimmen der beliebteste – und preiswerteste – Sport. In der Hochsaison sind die Strände der größeren Orte überfüllt, aber zwischen diesen Zentren finden Sie immer noch ruhigere Badegelegenheiten. Die Einrichtungen sind nicht immer so gut wie andernorts, doch an den bekannteren

Stränden gibt es Restaurants, Duschen und Umkleidekabinen. Liegestühle können stunden- oder tageweise gemietet werden.

Mit wenigen Ausnahmen gibt es keine Strandwacht (dafür manchmal Erste-Hilfe-Stationen). Passen Sie daher sehr gut auf Ihre Kinder auf; an einigen Stränden (z. B. Platja de Pals) ist der Wellengang recht stark.

zustellen. Wer Mut hat, probiert eine Runde Drachenfliegen am Motorboot.

Da die Strandüberwachung in Spanien nicht so strikt ist wie anderswo, wird die Abgrenzung zwischen den für Schwimmer und Wasserskifahrer reservierten Zonen im Laufe des Tages immer weniger beachtet. Erwarten Sie also als Wasserskifahrer in Strandnähe nicht immer freie Bahn!

Wasserski

Die steigenden Benzinkosten verteuern diesen Sport. Ein Grund mehr, unter den konkurrierenden Schulen hinsichtlich der Länge der Runden, der Anzahl der Versuche und des Mengenrabattes bei Vorausbuchungen Preisvergleiche an-

Windsurfen

Dieser Sport ist an der Costa Brava in stetem Aufwind, doch »Landratten« sollten lieber nicht ihre Füße auf die Planke setzen. Wer das »Brettsegeln« jedoch beherrscht, findet es bei Meeresbrise natürlich besonders aufregend.

Angeln

Man angelt hier an der ganzen Küste gern von den Felsen aus. Sie haben aber mehr Erfolg, wenn Sie ein Boot mieten und aufs Meer hinausfahren. Sie können Fischer aus den umliegenden Orten – die auch die Fanggründe kennen – halbtags oder für den ganzen Tag anheuern. Wenn Sie auch ein Picknick in einer abgeschlossenen kleinen Bucht einplanen, so wird Ihr Fischer sich selbstverständlich als Ihr Gast betrachten.

In der ganzen Provinz Girona gibt es auch fischreiche Flüsse und Bäche, in denen Sie angeln können; im Río Ter und im Río Onyar hauptsächlich Barben, Karpfen, Schleien und Aale, im Lago de Banyoles Hechte und Karpfen. Am Río Segre entlang gibt es ausgezeichnete, staatlich kontrollierte Forellenfanggebiete. Sie brauchen für das Flußfischen auf jeden Fall einen Angelschein. Wenden Sie sich an die zuständige Behörde: ICONA, Carrer Sabino de Arana, 22, Barcelona. Es werden Paßbild, Paßnummer und Personalien verlangt.

Ein Sport für Sie und Ihn...

Golf

In der Provinz Girona gibt es drei Golfplätze:
- Club de Golf de Pals, in der Nähe von Begur, 18 Löcher.
- Club de Golf Costa Brava, in Santa Cristina d'Aro, in der Nähe von La Platja d'Aro, 18 Löcher.
- Reial Club de Golf de la Cerdanya, 3 km vom Bahnhof Puigcerdà entfernt, 18 Löcher.

Reiten
Es gibt Reitställe, die Pferde für einen gemütlichen Strandbummel ausleihen, oder solche, die anspruchsvollen Reitern gute Pferde, Fachlehrer und interessante Ausritte bieten. Einige örtliche Fremdenverkehrsämter vermitteln zudem mehrstündige Ausritte inklusive An- und Abfahrt zum Stall und »Country-Verpflegung«.

Jagd
In Katalonien werden vor allem Hasen, Wildkaninchen, Wachteln, Enten und Rebhühner zur Strecke gebracht. Wenden Sie sich für Fragen, die Jagdschein und Vorschriften zur temporären Einführung von Feuerwaffen betreffen, an das Fremdenverkehrsamt oder schreiben Sie an das ICONA-Büro (siehe S. 76).

Skifahren
Es gibt drei bedeutende Wintersportgebiete in den Pyrenäen, die nicht mehr als 150 km von der Costa Brava entfernt sind: La Molina, Masella und Núria. La Molina liegt 20 km von Puigcerdá und nur 15 km von der französischen Grenze entfernt. Die Skigebiete erstrecken sich über 50 km² und bieten 17 markierte Abfahrtspisten. Die Olympia-Abfahrt, für internationale Wettkämpfe geeignet, weist bei einer Länge von 2,5 km ein Gefälle von mehr als 800 m auf. In La Molina gibt es Abfahrts- und Langlaufpisten, Sprungschanzen, Ski- und Sessellifts sowie über ein Dutzend Hotels. Die beste Urlaubszeit ist von Dezember bis April. Informationen erhalten Sie bei jedem Fremdenverkehrsamt oder von der Direcció General de Turisme, die eine ausführliche Broschüre über die Wintersportmöglichkeiten in Katalonien herausgibt.

Tennis
Viele Hotels, Apartmenthäuser und Villensiedlungen verfügen über eigene Plätze. Im Sommer sollten Sie mindestens einen Tag im voraus buchen. In manchen Hotels stehen Ihnen auch Tennislehrer zur Verfügung.

... und Zuschauersport Nr. 1
Der Sport mit den meisten Zuschauern ist **Fußball**. Die Spiele werden gewöhnlich abends ausgetragen, und bis spät in die Nacht gehen anschließend bei *coñac* und Zigarrenqualm die Diskussionen weiter. Für Spiele bekannter Mannschaften muß man sich die Karten lange im voraus besorgen.

Stierkampf

Wenn Sie noch nie einen Stierkampf erlebt haben, können Sie das während Ihres Urlaubs an der Costa Brava nachholen. Das Schauspiel mag Sie abstoßen, Sie schwören vielleicht sogar, nie wieder hinzugehen, oder Sie werden *aficionado* auf Lebenszeit. Wie auch immer Ihre Reaktion ausfallen mag, die *corrida* wird in jedem Fall unvergeßlich bleiben.

Der Kampf ist in drei *tercios* (Drittel) eingeteilt, und jedes soll das Tier als Vorbereitung auf seinen Tod ermüden. Wenn der Stier in die Arena stürmt, reizen ihn die Gehilfen des Matadors mit ihren farbigen Umhängen, so daß der Matador die Bewegungen des Stiers und die Richtung, in die er mit seinen Hörnern stößt, beobachten kann. Dann prüft er selbst das Tier und nimmt dazu die gelb-rote *capa*. Dies ist vielleicht der schönste Teil des Kampfes. Aber jeder der eleganten Schwenks und Schritte, die den Stier ins Leere laufen lassen, führt ihn näher an sein unausweichliches Ende.

Im zweiten *tercio* bohrt der berittene *picador* seine Lanze wiederholt in die Schultermuskeln des Stiers. Dadurch wird das Tier ermüdet und gezwungen, den Kopf so zu senken, daß der Matador später den tödlichen Degenstich richtig ansetzen kann. Die Zuschauer pflegen den *picador* auszupfeifen, nicht etwa aus Liebe zum Stier, sondern weil, wenn er die Lanze allzu ausgiebig verwendet, das Tier seine Kraft und den Willen zum Kampf verliert. Danach kommen die *banderilleros,* die ihm ihre mit Widerhaken versehenen *banderillas* in den Nacken stoßen.

Im dritten *tercio* schließlich steht der Matador dem Stier mit der ovalen, scharlachroten *muleta* allein gegenüber. Allmählich beherrscht der Matador den Stier dann so, daß er ihm sogar den Rücken zukehren kann. Nun kommt das, was eigentlich schon Nachspiel ist: Der Matador fixiert zum letztenmal den Stier und beugt sich gefährlich über dessen Hörner, um blitzschnell seinen Degen in eine bestimmte Stelle zwischen den Schulterblättern zu stoßen.

Je nach Qualität der *corrida* oder Mut des Matadors werden ihm ein Ohr, zwei Ohren oder, nach einem besonders guten Kampf, der Schwanz des von ihm getöteten Tieres vom *presidente* zugesprochen. Die Menge drückt ihre Anerkennung durch Schwenken von Taschentüchern aus; manchmal werden sogar Handtaschen, Hüte und *botas* (lederne Weinflaschen) in den Ring geworfen.

Das Schauspiel, in dessen Verlauf sechs Stiere von drei Matadoren getötet werden, dauert gewöhnlich zwei Stunden.

Abscheu, Verwirrung, Faszination sind mögliche Reaktionen auf ein Schauspiel, das unverhüllte Gewalttätigkeit mit skurriler Schönheit paart. Und vielleicht werden Sie nach einem Nachmittag in der *plaza de toros* sogar verstehen, warum dieser Totentanz in Spanien als Kunstform gilt.

An der Costa Brava gibt es eine Auswahl verschiedener Stierkampfarenen: je eine in Sant Feliu de Guíxols, Lloret de Mar, Girona und Figueres, dazu zwei in Barcelona. Die besten Kämpfe finden gewöhnlich in Barcelona statt. Der Besuch lohnt sich, denn dort kämpfen im Sommer die Stars unter den Matadoren.

Unter den verschiedenen Sitzplatzkategorien ist besonders *sol y sombra* empfehlenswert: Sie sitzen während des ersten Teils des Kampfes an der Sonne und den Rest im Schatten. Die ersten beiden Ränge sind die teuersten. Seien Sie rechtzeitig da, denn die Spanier sind in diesem Fall sehr pünktlich, und ein Stierkampf beginnt selten mit Verspätung.

Eintrittskarten können im voraus bestellt werden (auch in Ihrem Hotel), kosten dann aber 20% mehr als an der Kasse. Dies lohnt sich trotzdem, denn vor Kampfbeginn stehen lange Schlangen an den Schaltern, und die Schwarzhändler werden Sie ordentlich schröpfen.

Flamenco

Der Flamenco stammt aus dem Süden, aus Andalusien, auch heute noch die Hochburg dieses Tanzes. Aber auch in Barcelona und den größeren Ferienorten können Sie einen *tablao* besuchen, einen Nachtklub, in dem die Gitarristen, Sänger und Tänzer Ihnen zumindest etwas von der Ausstrahlungskraft des Flamenco vermitteln werden. Der Flamenco soll maurischen Ursprungs sein, und die Musik hat tatsächlich eine große Ähnlichkeit mit den für die arabische Musik typischen klagenden Melodien.

Die Gesänge zerfallen in zwei Hauptgruppen. Den *cante chico* charakterisieren lebhafte, leichtherzige Lieder. Zu ihnen zählen die *fandangos, sevillanas, bulerías, alegrías* und *malagueñas*. Doch trotz ihrer Unbeschwertheit vermögen auch diese Vorträge ein Gefühl von dem zu vermitteln, was echter Flamenco ist.

Die zweite Gruppe heißt *cante jondo* – schwermütige, eindringliche Weisen, die von Liebe, Leid und Tod künden. Dieser »echte« Flamenco ist impulsiv, entsteht ganz aus dem Augenblick heraus.

Den wirklich authentischen *cante jondo* werden Sie aber kaum je »live« erleben; hingegen gibt es Schallplattenaufnahmen. Im *tablao flamenco* wird ausschließlich *cante chico* dargeboten. Der erste Drink ist inbegriffen, und manchmal werden Sie auch aufgefordert, mitzumachen.

Sardana

Der energische, doch graziöse, ja majestätische Nationaltanz Kataloniens, begleitet von den traditionellen Holzblasinstrumenten, versetzt die Katalanen geradezu in Trance. Die genaue Herkunft dieses disziplinierten Reigens ist unbekannt. In der *Ilias* beschreibt Homer einen griechischen Tanz, der der *sardana* sehr ähnlich ist. Einige Musikologen nehmen an, daß die Griechen den Tanz in Katalonien einführten.

Die moderne *sardana* entstand gegen Ende des 18. Jh. und wurde im 19. Jh. durch den Andalusier José »Pep« Ventura, der in Figueres lebte, wiederbelebt. Unter *aficionados* wurde er Tenora-Pep genannt. Die *tenora* ist ein klarinettenähnliches Instrument, das in der elfköpfigen *cobla* (der Begleitkapelle) gespielt wird.

Die *sardana* – bei weitem nicht so leicht, wie sie aussieht – wird in gewöhnlicher Alltagskleidung getanzt, außer bei besonderen Anlässen. Häufig legen die Katalanen einfach ihre Akten-, Einkaufs- oder Handtaschen in die Mitte des Kreises. Dieser wächst ständig durch neu Hinzukommende. Wenn er zu groß wird, bildet man einfach einen zweiten oder dritten. Bei Platzmangel entstehen weitere Kreise innerhalb der bestehenden. Jede Gruppe hat ihren Führer, der den Takt und die Zeichen für neue Figuren gibt.

Das Erstaunliche an der *sardana* ist, daß sie alle Schranken mißachtet. Ärzte und Bauern tanzen zusammen mit langhaarigen Studenten und älteren Hausfrauen. Im täglichen Leben mögen sie nur wenig gemeinsam haben, aber die *sardana* erinnert sie alle daran, ohne Rücksicht auf ihre gesellschaftliche Stellung, daß sie Katalanen sind. Auch Touristen können – theoretisch – mitmachen. Allerdings sollten Sie Vorsicht walten lassen, denn es gibt eine recht strikte Regel, die touristische Ambitionen beschränkt: Kein Einheimischer würde es wagen, sich einer Gruppe anzuschließen, die ein höheres tänzerisches Können zeigt, als er besitzt. Wer diese Regel vergißt, wird unweigerlich aus dem Kreis herausgedrängt.

Beim katalanischen Nationaltanz, der sardana, *halten keinerlei Schranken stand.*

Einkaufsbummel

Öffnungszeiten
Die meisten Geschäfte in Katalonien sind von 9 bis 14 Uhr und wieder von 16 bis 20 Uhr geöffnet. Die Zeit zwischen 14 und 16 Uhr ist dem Mittagessen und der *siesta* vorbehalten. Wenn Sie kein Mittagsschläfchen halten möchten oder können, ist das die beste Zeit, sich bei einem Bummel durch die größeren Kaufhäuser umzusehen, die durchgehend von 10 bis 20 Uhr geöffnet sind. Im Sommer haben die Läden in den Ferienorten bis 21.30 oder 22 Uhr auf. Bars und Cafés bleiben im allgemeinen von 8 Uhr bis Mitternacht oder gar später geöffnet.

Was ist günstig?
Schuhe und Stiefel sowohl für Männer als auch für Frauen sind mitunter noch verhältnismäßig preiswert; erstklassige modische Modelle sind hingegen teuer. (Insbesondere für Kinderschuhe zahlen Sie oft mehr als zuhause.)

Leder und Wildleder (sportliche Jacken, lange Mäntel, Handtaschen usw.) gehören immer noch zu den günstigsten Käufen, auch wenn die Preise gegenwärtig steigen.

Viele Urlauber kennen sich wohl mit spanischem Leder aus, doch nur wenige wissen, daß die spanische Haute Couture langsam, aber sicher ihren Platz auf dem internationalen Markt erobert. Die Boutique in Ihrem Ferienort hat vielleicht kein großes Angebot in *alta costura*, aber achten Sie in Barcelona auf die klingenden Namen.

Beim Schaufensterbummel an der Costa Brava werden Sie die hohe Qualität der Kinderkleidung bemerken – und die dementsprechenden Preise. Wenn Sie Ihre Kinder fürstlich kleiden und entsprechend dafür zahlen wollen, liegen Sie in Spanien richtig.

Spirituosen und Tabakwaren sind im allgemeinen noch günstig zu haben. Importierte Havannazigarren z. B. gibt es in großer Auswahl und recht preisgünstig, und Zigarren von den Kanarischen Inseln sind sogar noch billiger. Zahlreiche bekannte Marken-Spirituosen, in Spanien in Lizenz hergestellt, bekommen Sie überall zu erschwinglichen Preisen.

Einheimische Töpferwaren und Keramik, dekorativ, sind beliebte Mitbringsel. In den meisten Orten werden Sie mindestens einen Töpferladen finden, und oft kommen auch Händler vorbei, die Vasen und

Töpfe »direkt vom Esel« verkaufen und mit denen Sie um den Preis feilschen können.

Souvenirs
Spanien erhält jährlich den Besuch von 30 Millionen Touristen (auf jeden Spanier einen Touristen), und die Souvenirindustrie bemüht sich, für diese immer neue Produkte zu entwickeln. Die meisten Besucher bleiben jedoch bei den traditionellen spanischen Souvenirs: Stierkampfplakate (auf Wunsch mit Ihrem Namen als Star-Matador), Stierkampfdegen, eingelegte Schachspiele, Nachbildungen klassischer Degen und Pistolen aus Toledo, Schmiedeeisernes und die typische *bota,* die lederne Weinflasche.

Sehr zu empfehlen sind Handarbeiten wie Schale, Halstücher, Leinenstickereien, Spitzen, Korbwaren, Intarsienarbeiten usw. Viele dieser Gegenstände werden noch in der althergebrachten Art – und auch für den eigenen Gebrauch – angefertigt. Diese Handwerkserzeugnisse wird es wohl nicht mehr lange geben (zumindest nicht zu den heutigen Preisen), denn Spaniens Industrialisierung macht rasche Fortschritte.

Antiquitäten
Gute Stücke zu interessanten Preisen gibt es in den Fremdenorten selten, doch wenn Sie sich auskennen, machen Sie hie und da vielleicht einen Fund. Läden werden Sie in Girona, Barcelona und Besalú sowie in allen größeren Orten finden. Sobald ein echtes Stück

Ein Einkaufsbummel in Spanien ist nicht nur was für Muttis...

aber in einem Geschäft ist, steigt der Preis gewaltig. Sehen Sie sich trotzdem in den Gassen rund um Barcelonas Kathedrale um, und auch in der Gegend von Carrer de Portaferrissa, Carrer de Petritxol und Carrer del Pi lohnt sich vielleicht die Suche. Mißachten Sie auch nicht die wöchentlichen Märkte, die fast überall stattfinden. Die allerorten auftauchenden Zigeuner bieten

Sie können sich selbst davon überzeugen, daß hier alles frisch ist.

manchmal recht reizvolle Sachen an, so geschnitzte Holzkübel, alte Eisenschlüssel, schmiedeeiserne Gegenstände, bunte Kacheln, und ab und zu auch etwas mitgenommene Zeichnungen und Drucke (die vielleicht einen Wert haben).

Barcelonas Flohmarkt findet in der Carrer del Dos de Maig nördlich der Plaça de les Glòries Catalanes statt.

Wo kauft man am besten?
Touristenzentren sehen vielleicht wie Einkaufsparadiese aus, sind es aber selten. Einige Läden bieten eine große Auswahl, aber die meisten führen nur die gängigsten Artikel, deren Absatz gesichert ist. In den Fremdenorten sind die Preise auch fast immer hoch.

Sie halten sich also besser an Girona, Barcelona und die Inlandorte. Sie werden erstaunt sein, wieviel größer das Angebot dort ist, und außerdem sparen Sie 10–20%.

Das Poble Espanyol in Barcelona, eigentlich eine typische Touristenattraktion, ist zugleich ein günstiger Ort für Einkäufe wie Korbwaren, Teppiche, Bettdecken und interessante Souvenirs.

Einkaufstips
Besuchen Sie auf jeden Fall mehrere Läden, bevor Sie etwas kaufen. Die Preiskontrolle in Spanien ist mit der in anderen europäischen Ländern nicht zu vergleichen. Meinen Sie auch nicht, größere Geschäfte seien automatisch preiswerter. Ein

Laden mag schamlos überhöhte Preise haben, während der Nachbar durchaus ehrlich ist. Wenn Sie in einem Geschäft einen größeren Betrag ausgeben, sollten Sie versuchen, einen Preisnachlaß *(un descuento, una rebaja)* zu erhalten. Vielleicht erreichen Sie etwas.

Nach einem Preisnachlaß zu fragen, ist durchaus angebracht, Feilschen jedoch nicht. Das sollten Sie sich für Antiquitätenläden und Märkte aufsparen (niemals aber an Lebensmittelständen!). Hartes Handeln mit Zigeunern wird nicht nur akzeptiert – es ist geradezu notwendig, um ungeschoren davonzukommen.

Steuerrückvergütung

Ausländische Besucher können einen Teil des Einkaufsbetrages über die IVA-Rückvergütung wiederbekommen. Sie müssen im Laden ein Formular ausfüllen, davon bleibt eine Kopie im Laden, drei behalten Sie. Bei der Ausfuhr übergeben Sie dem Zollbeamten diese Papiere. Das Geschäft erhält ein Exemplar des vom Zoll visierten Formulars und überweist Ihnen daraufhin den Rabattbetrag.

Einige Geschäfte gehen weniger amtlich vor und gewähren den Nachlaß an Ort und Stelle.

Marktfreuden

Märkte gibt es auf der ganzen Welt, doch am Mittelmeer haben sie eine besondere Ausstrahlung, so auch in Katalonien. Der katalanische Markttag, sei es der tägliche Lebensmittelmarkt oder der wöchentliche Kleidermarkt, bietet Gelegenheit zu einem kleinen Schwatz, es wird angeboten und gekauft, und er ist ein willkommener Vorwand für ein Glas *(copita)* Sherry unter Freunden.

Hier eine Liste der Markttage in den wichtigsten Städten an der Costa Brava:

Montag: Blanes, Cadaqués, Torroella de Montgrí.
Dienstag: Lloret de Mar, Besalú, Caldes de Malavella, Castelló d'Empúries, Palamós.
Mittwoch: Banyoles, Llançà.
Donnerstag: Tossa de Mar, Sant Feliu de Guíxols, L'Estartit, Figueres, Llagostera.
Freitag: La Bisbal, El Port de la Selva.
Samstag: Girona.
Sonntag: L'Escala, Palafrugell, Roses, Sant Feliu de Guíxols, Tordera.

Ferias und Fiestas

Spanien ist das Land der *fiesta* schlechthin, und an der Costa Brava werden unzählige religiöse und volkstümliche Feste gefeiert. Genaue Angaben über Daten und Zeiten dieser Feste erhalten Sie auf der Gemeinde oder beim Fremdenverkehrsamt. Fragen Sie dort nach einer Ausgabe des »Spanischen Touristen-Kalenders« für die Provinz Girona (es gibt für ganz Spanien neun solche Kalender). Er führt alle *fiestas* an der Costa Brava auf. Nachstehend einige der wichtigsten Veranstaltungen:

Februar
La Molina: Skimeisterschaften

März
In den meisten größeren Orten: Karwochenfeierlichkeiten, vor allem in Girona; in den anderen Städten eher bescheidene Prozessionen. In einigen Orten wird der Totentanz aufgeführt, wobei sich die Einheimischen als Skelette verkleiden und zur Begleitung von Trommelwirbeln tanzen. Andernorts werden Passionsspiele aufgeführt (in Verges besonders sehenswert).

April
Figueres: Landwirtschafts- und Industriemesse, Anlaß zu Kunstausstellungen, Stierkämpfen und einer Blumenschlacht.

Mai
Girona: Blumenschau im Kreuzgang des Klosters San Pedro de Galligans, das das Archäologische Museum beherbergt.
Ripoll: Jahrmarkt zu Ehren des hl. Eudaldo; Tanz, kulturelle Veranstaltungen und Sport.

Juni
Palamós: Jahrmarkt mit Folklore und Sportwettkämpfen.
Sant Pere Pescador: Verschiedene Veranstaltungen, darunter Wasserskiwettkämpfe und Aufführungen der *sardana*.
Tossa de Mar: Jahrmarkt mit folkloristischen Darbietungen.

Juli
Olot: Ein *aplec* (großes Fest) der *sardana*-Tänzer. Die 5000 Teilnehmer, darunter auch Frankokatalanen, tanzen fast ohne Unterbruch bis nach Mitternacht.
Calonge: Jährliches Musikfestival.
L'Estartit, Palamós: Religiöse Festlichkeiten, einschließlich einer Meeresprozession, Angelwettbewerbe und *sardana*.
Lloret de Mar: Der berühmte Jahrmarkt zu Ehren der hl. Christine (siehe S. 50). Fischerboote fahren bis zur Bucht von Santa Cristina unterhalb der gleichnamigen Kapelle. Unterwegs wird ein Kranz über Bord geworfen, im Gedenken an die auf See Verstorbenen. Das zweitägige Fest schließt Volkstanzaufführungen ein und gilt als besonders attraktiv für Touristen.
Santa Cristina d'Aro, Blanes, Portbou, Sant Feliu de Guíxols, L'Estartit: Jahrmarkt und *sardana*.
Cadaqués: Jährliches Internationales Musik- und Kunstfestival.
Castell d'Aro: Jährliches Musikfestival.

August
Pals: Fest zu Ehren des hl. Dominik (mit *sardana*).
El Port de la Selva: Örtliche Festlichkeiten mit *sardana* und Wasserskiwettbewerben.
La Platja d'Aro: Folklorefestival.
Sant Feliu de Guíxols: Umfangreiche Festlichkeiten mit Volkstanz, sportlichen und kulturellen Veranstaltungen, Stierkämpfen, Feuerwerk, Preisverleihung für die besten Sandburgen und -figuren am Strand.
Torroella de Montgrí: Örtliche Festlichkeiten mit *sardana*.
Llança: Jahrmarkt mit Volkstänzen und *sardana*.

September
L'Escala: Örtliche Festlichkeiten mit *sardana*.
Cadaqués: Jahrmarkt mit *sardana* und Sportwettkämpfen.
Lloret de Mar: Ländliches Volksfest.

Oktober
Sant Feliu de Guíxols: »Tag des Meeres«; Meeresprozession und *sardana*-Darbietungen.
Girona: Fest zu Ehren des hl. Narzissus mit Stierkämpfen und Pferdeschau.

November
Torroella de Montgrí: Festlichkeiten zu Ehren der hl. Catalina mit *sardana*.

Anderweitige Unterhaltung

Grillparties
In Ihrem Hotel oder im Reisebüro wird man Bescheid wissen, ob in der Nähe eine *barbacoa* veranstaltet wird. Für einen Pauschalpreis können Sie soviel essen und trinken, wie Sie wollen, und – wenn Sie dazu noch imstande sind – auch tanzen. Eine gute Gelegenheit, Kontakte mit anderen Feriengästen anzuknüpfen. Für Transport wird gesorgt.

Bootsausflüge
Die meisten größeren Küstenorte veranstalten Bootsausflüge. Einige dauern nur eine Stunde, andere sind Tagesausflüge mit Picknick. Der Blick vom Meer auf diese streckenweise wilde Küste wird Sie beeindrucken. Die Landung direkt am Strand macht besonders Kindern Spaß.

Kino
Fast alle kommerziellen Filme werden in spanischer Synchronisation gezeigt. In Girona und Barcelona laufen einige Filme auch in der Originalsprache. Das neueste Programm finden Sie immer in den Lokalzeitungen.

Kasinos
Nach Aufhebung des vierzigjährigen Verbots wird in Spanien wieder gespielt. Zutritt haben Sie nur bei Vorlage eines Ausweises und nach Entrichtung des Eintrittsgeldes. An der Costa Brava können Sie in Lloret de Mar, Hotel Montecristo (Girona) und im Schloß Perlada Ihr Glück versuchen.

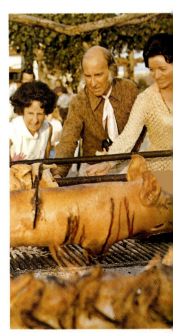

Galerien und Museen

In einigen Orten finden Sie kleine Museen. Im Abschnitt VON ORT ZU ORT (ab S. 17) sind diese erwähnt. Nachstehend die wichtigsten Galerien und Museen:

Figueres
Museu de l'Empordà. Auf dem Hauptplatz gelegen; ist Geschichte und Kultur der Gegend gewidmet.

Teatre-Museu Dalí. Ebenso exzentrisch wie sein Begründer Salvador Dalí, mit vielen seiner Arbeiten in verschiedenen Techniken.

Empúries
Museu Arqueològic. Eine große Sammlung griechischer und römischer Funde, die in den Ausgrabungen neben dem Museum gemacht wurden.

Girona
Das **Museu Arqueològic Provincial** (Archäologisches Museum) ist Teil der Kirche Sant Pere de Galligans. Griechische und römische Ausgrabungsfunde von Ampurias und einige hervorragende Gemälde (Tintoretto, Murillo).

Museu de la Ciutat (Museum für Stadtgeschichte), in der Carrer de la Força. Dokumente und andere Zeugen der Geschichte Gironas.

Museu de la Catedral. Im Kapitelsaal der Kathedrale. Unter den vielen interessanten Ausstellungsstücken ragen zwei heraus: eine illuminierte Handschrift *(Buch der Apokalypse)* aus dem 10. Jh. und ein Wandteppich aus dem 12. Jh.

In Salvador Dalís Museum in Figueres kommt es oft zu erregten Gesprächen.

Ripoll
Museu de Ripoll in der Església de Sant Pere (St. Peterskirche). Bemerkenswerte Sammlung ländlicher Werkzeuge, Kleidung und Hausgeräte. Ebenfalls ein ausgezeichnetes Waffenkabinett.

Tafelfreuden

Die Katalanen lieben herzhafte Gerichte, deren Zutaten immer frisch vom Bauernhof kommen oder am selben Morgen noch im Meer schwammen. Wenn Sie diese Vorliebe teilen, dann werden Sie von Ihrem Urlaub auch mit kulinarischen Erinnerungen heimkehren.

Um die einheimische Küche kennenzulernen, müssen Sie aber aus den großen »internationalen« Hotels fliehen. Verlassen Sie den allzu vertrauten Speisesaal und suchen Sie die Lokale auf, in denen die Katalanen essen.

Da das Meer vor der Haustür liegt, gibt es viel Fisch. Hier einige traditionelle Arten, die gegrillt oder gebraten und meist ohne Soße serviert werden. Dazu gibt's einen gemischten Salat aus Tomaten, Zwiebeln und Kopfsalat:

Lenguado – Seezunge; *mero* – Seebarsch; *salmonetes* – Rotbarbe aus dem Mittelmeer; *calamares* – Kalmare; *gambas* – Garnelen; *langosta* – Languste (je nach Saison und immer teuer).

In Tossa können Sie vor historischer Fassade das Abendessen genießen.

Zwei klassische spanische Gerichte, die nicht nur in Katalonien sehr beliebt sind, heißen *paella* und *gazpacho*.

Die andalusische *gazpacho*, eine eisgekühlte Suppe aus gehackten Tomaten, grünen Paprikaschoten, Gurken und Zwiebeln, das Ganze in Öl und Essig angemacht, ist das bevorzugte Gericht mancher Besucher. Dazu gibt es oft geröstete Brotwürfel, und viele der Zutaten werden auch getrennt serviert, so daß Sie das Gericht nach Ihrem Geschmack gestalten können. Ganz zu Recht wird es auch als »flüssiger Salat« bezeichnet.

Paella, das bekannteste spanische Gericht, kombiniert Garnelen, Kalmare, Muscheln usw. mit Schweine-, Kaninchenfleisch und Huhn. Diese Zutaten werden einem Safranreis beigemischt, der mit Erbsen, roten Paprikaschoten und was dem Koch sonst noch gerade unter die Finger kommt angereichert wird. *Paella* wird meist zum Mittagessen serviert und in wirklich guten Restaurants auch nur auf Bestellung zubereitet, was etwa eine halbe Stunde in Anspruch nimmt – die Zeit für einen Aperitif.

Katalonien bietet aber auch eine Fülle eigener Spezialitäten:

Zarzuela heißt auf spanisch eigentlich Operette oder Musical, und auch das Gericht enthält – genau wie die leichten Melodien eines solchen Stücks – ein wenig von allem. Es ist eine gelungene Zusammenstellung aus Kalmaren, Tintenfisch, Garnelen, Scampi, Muscheln und verschiedenen Fischsorten, angemacht an einer Wein-und-Kognak-Soße: begeisternd und sättigend.

Pollastre amb xamfaina: Gekochtes Hähnchen mit einem Püree aus Auberginen und Tomaten.

Butifarra: Eine sehr beliebte, reichhaltige Schweinswurst, wird mit Pommes frites und/oder Gemüse, mit Eiern oder sogar Omelett gereicht. Letzteres heißt dann *tortilla ampurdanesa*.

Habas a la Catalana: Dicke Bohnen werden mit Schinken und *butifarra* zusammen gekocht. Als Vorspeise ißt man auch die Bohnen mit dem Schinken alleine.

Die Backwaren der Costa Brava bringen mit Sicherheit Ihren Diätplan zu Fall. Die Namen all dieser *tartas* brauchen Sie gar nicht zu kennen. Gehen Sie einfach in eine Bäckerei und schlemmen Sie sich durch!

Crema catalana ist ein Pudding mit Karamelzuckerüberzug.

Restaurants
Offizielles Gütezeichen spanischer Restaurants sind nicht Sterne, sondern Gabeln. Die Rangordnung geht von einer bis zu fünf Gabeln, die allerdings mehr ein Hinweis auf den Komfort des Lokals als auf die Qualität des Essens darstellen. Fünf Gabeln garantieren Ihnen höhere Preise, aber nicht unbedingt eine bessere Küche. Die Zwei-Gabel-Restaurants stehen bei spanischen Gourmets im Ruf, ausgezeichnete Kochkunst zu bieten. Schonen Sie also Ihr Portemonnaie!

In vielen Restaurants wird ein *plato del día* (Tagesgedeck) zu einem festen Preis angeboten. Dies besteht meist aus drei Gängen mit Brot und Wein. Im allgemeinen ist im Gedeckpreis (aber auch wenn Sie à la carte essen) alles inbegriffen: ein Trinkgeld von 10–15% ist zwar üblich, jedoch nicht unbedingt selbstverständlich.

Im Restaurant wird das Mittagessen von 13 bis 15 Uhr, das Abendessen von 20 bis 22 Uhr serviert, in größeren Orten sogar noch später.

Ein Spartip: Bestellen Sie im Restaurant immer *vino de la casa* (den offenen Hauswein); er ist meist recht gut und kostet nur halb soviel wie ein Flaschenwein.

Strandrestaurants
(Merenderos)
Wenn Sie über Mittag am Strand bleiben wollen, werden Sie Atmosphäre und Bequemlichkeit der zahlreichen Strandrestaurants schätzen. Es geht dort sehr leger zu, auch die Kellnerin trägt einen Bikini. Die Gerichte sind einfach, schmecken aber gut und machen satt: Es gibt *paella,* Fisch, Omelett und das unvermeidliche Steak oder Hähnchen mit Pommes frites.

Bars und Cafés
Diese sind, wie überall am Mittelmeer, auch hier nicht wegzudenken. Es wurde schon gemutmaßt, daß das Verschwinden der Bars und Cafés zum Stillstand des Wirtschaftslebens führen würde. Welcher andere Ort wäre geeigneter für einen Geschäftsabschluß, ein freundschaftliches Gespräch oder gar die Offenbarung einer genialen Idee?

Manche Cafés öffnen schon beim Morgengrauen, und die meisten haben um 8.30 Uhr auf und servieren das Frühstück. Es sind einige der schönsten Minuten am Mittelmeer, auf einer Terrasse einen morgendlichen *café con leche* (Milchkaffee) zu trinken, während ringsherum langsam der Tag anläuft. Und nie müssen

Sie befürchten, verjagt zu werden...

Weine und Spirituosen werden in spanischen Bars und Cafés zu jeder Tageszeit serviert. Über ein Trinkgeld freut man sich, und vergessen Sie nicht, daß es 10–15% billiger ist, Ihren Kaffee oder Aperitif an der Theke zu trinken.

Tapas

Es wurde schon behauptet, *tapas* seien Spaniens größter kulinarischer Genuß. Eine *tapa* ist ein kleines, mundgerechtes Häppchen: Fleisch, Oliven, Fisch, Krebstiere, Gemüse, Salat, gegrillte, in Knoblauchsoße getunkte Pilze oder was auch immer...

Nehmen Sie sich ein Beispiel – machen Sie eine Pause zu einem Genuß.

Was hier gerade an Land kommt, haben Sie wenig später schon auf dem Teller.

Tapa heißt wörtlich Deckel. Die Bezeichnung rührt von der alten Sitte her, zum Wein immer – kostenlos – einen Appetithappen auf einem Tellerchen zu servieren, das wie ein Deckel auf das Weinglas gesetzt wurde. Leider hat sich die Sitte ein wenig gewandelt, denn heute muß man für die *tapa* zahlen. In manchen Lokalen – *tascas* – ist die Auswahl so reichhaltig, daß Sie dort am Büfett eine vollständige Mahlzeit einnehmen können.

In diesem Zusammenhang müssen Sie wissen, daß eine *porción* ein Happen, den man in einem Bissen bewältigt, eine *media-ración* ein halber Teller voll und eine *ración* ein vollbeladener Teller ist. Es ist ohne weiteres möglich, für eine Mahlzeit aus *tapas* mehr auszugeben als für eine reichliche gewöhnliche Mahlzeit.

Weine und Spirituosen

Der berühmteste spanische Wein ist der Sherry – ein Wein, dem Kognak zugesetzt wird –, den man in der andalusischen Stadt Jerez de la Frontera keltert und abfüllt. Es gibt fünf Hauptsorten: *manzanilla* – sehr hell, leicht im Geschmack und sehr trocken; *fino* – ebenfalls sehr hell, aber etwas schwerer; *amontillado* – dunkel, mitteltrocken; *oloroso* – dunkelgold in der Farbe und voll im Geschmack; *cream* – süß, geschmeidig, der bekannteste aller Sherries.

Die spanischen Tischweine sind gut, einige sogar vorzüglich. Versuchen Sie einmal den preisgünstigen Wein aus Valdepañas in Zentralspanien.

Ab Frankfurt oder Düsseldorf, Zürich und Genf können Sie täglich ohne Zwischenlandung nach Barcelona fliegen. Die Flugdauer ab Frankfurt beträgt 2, ab Wien (nonstop) 2½ und ab Zürich 1¾ Stunden (reine Flugzeit). Von den meisten übrigen Flughäfen in der Bundesrepublik können Sie Barcelona zur Hauptreisezeit mehrmals wöchentlich direkt erreichen, sonst immer über Frankfurt oder Düsseldorf.

Einzelflugreisen mit freier Wahl von Ab- und Rückflugdatum, Aufenthaltsdauer und Unterkunft sind die Inclusive Tours (IT). Erkundigen Sie sich nach den Sondertarifen für Jugendliche, Senioren, Studenten usw. und auch nach zeitlich beschränkten Angeboten (z. B. Wochenendtarife). Fly-and-drive-Buchungen (Mietwagen am Flugplatz) gelten für mindestens zwei Personen und eine Aufenthaltsdauer von 7 bis 30 Tagen.

Pauschalreisen, Charterflüge usw. Man hat hier nur die Qual der Wahl, und wer nichts Passendes findet, hat nicht lange genug gesucht. Die meisten »Billigstreisen mit allem Drum und Dran« finden natürlich im Sommer statt, andererseits gibt es günstige »Überwinterungsangebote«, die sich vornehmlich an Senioren richten. Was der verbilligten Reiseangebote nicht zuletzt so beliebt macht, sind die damit verbundenen Ausflüge und Rundfahrten, manchmal auch Besichtigungen.

Inlandflüge. Barcelona ist mit allen wichtigen Handelsplätzen und den großen touristischen Zentren des Landes direkt verbunden. Ein *puente aéreo,* eine »Luftbrücke«, besteht zwischen Madrid und Barcelona.

MIT AUTO ODER BUS

Auf schnellstem Wege. Im Handumdrehen wird man auch auf dem schnellsten Weg – nämlich auf den fast durchgehend vorhandenen Autobahnen oder Autoschnellstraßen – nicht den Hafen von Cadaqués erreichen. Schließlich sind es von Frankfurt am Main aus z. B. mehr als 1200 km, die den sonnenhungrigen Deutschen von Girona (Gerona) trennen. Denken Sie daran, daß die Autobahnen in Frankreich und Spanien gebührenpflichtig sind und für schweizerische Autobahnen eine *Vignette* verlangt wird, die an der Grenze erhältlich ist; außerdem tut man bei Verkehrsstaus gut daran, den beschilderten Ausweichstrecken zu folgen. Die an den Hauptverkehrsstraßen gelegenen Grenzübergänge sind Tag und Nacht geöffnet.

Bus. Wer unterwegs viel sehen möchte, kann auch mit dem Bus an die Costa Brava fahren. Busreisen werden das ganze Jahr über von verschiedenen Unternehmen veranstaltet. Erkundigen Sie sich auch nach den ganzjährigen Linienbusverbindungen der Deutschen Touring Gesellschaft von mehreren Großstädten aus nach Barcelona.

MIT DER BAHN

Angesichts der Länge der Reise ist ein Liege- oder Schlafwagenplatz ratsam. Aus dem norddeutschen Raum fährt der Zug über Karlsruhe, Basel und Genf nach Portbou; dort muß man gewöhnlich umsteigen.

Autoreisezüge. Eine Entlastung für Autofahrer sind die nicht gerade billigen, aber die großen Fahrstrecken während des Hauptferienverkehrs erheblich abkürzenden Verbindungen mit Autoreisezügen, die Sie zu bestimmten Zeiten von Hamburg, Hannover und von Neu-Isenburg, von Düsseldorf, Köln, Karlsruhe, Kassel, Kornwestheim bei Stuttgart und München auf angenehme Weise bereits ein ganzes Stück in den Süden bringen. Auskunft erhalten Sie an jedem Bahnhof.

Reisezeit

Im Sommer nimmt ganz Nordeuropa Spanien im Sturm – und alle Beteiligten scheinen dabei auf ihre Rechnung zu kommen. Wer es einrichten kann, ist allerdings gut beraten, auf die Randmonate März–Mai und Oktober auszuweichen. Im Winter sind die Temperaturen zwar mild, doch regnet es dann häufiger. Nachstehend eine Tabelle mit den durchschnittlichen Temperaturen.

	J	F	M	A	M	J	J	A	S	O	N	D
Lufttemperatur												
Höchstwert	13	14	17	19	23	26	30	29	26	21	17	13
Niedrigstwert	2	3	5	8	11	15	17	17	15	11	6	3
Wassertemperatur												
Mittelwert	13	13	13	14	16	20	22	23	22	20	16	14

Mit soviel müssen Sie rechnen

Wir geben Ihnen im folgenden einige Durchschnittspreise in spanischer Währung (Ptas.) an, damit Sie sich bereits vor Ihrer Abreise eine Vorstellung von Ihren Ausgaben machen können. Denken Sie bitte daran, daß auch in Spanien die Preise ständig steigen und von Ort zu Ort erhebliche Unterschiede aufweisen können.

Autoverleih. *Peugeot 205:* Ptas. 4325 pro Tag, Ptas. 32 pro km, Ptas. 6085 pro Woche; *Opel Kadett:* Ptas. 7300 pro Tag, Ptas. 68 pro km, Ptas. 11 440 pro Woche; *Ford Scorpio* (Automatik, Klimaanlage): Ptas. 18 550 pro Tag, Ptas. 152 pro km, Ptas. 27 400 pro Woche. Wochentarife ohne km-Beschränkung; zuzüglich 12% MWSt.

Babysitter. Ptas. 600 pro Stunde.

Camping. *Luxus:* Ptas. 525 pro Person und Tag, Ptas. 840 für Zelt, Ptas. 1200 für Wohnwagen; *Standard:* Ptas. 420 pro Person und Tag (für Kinder ca. 30% Ermäßigung), Ptas. 525 für Zelt, Ptas. 800 für Wohnwagen.

Friseur. *Damen:* Schneiden, Waschen und Legen oder Fönen Ptas. 2500 und mehr, Dauerwelle Ptas. 5000; *Herren:* Schneiden Ptas. 1500.

Hotels (Doppelzimmer mit Bad). ***** Ptas. 24 700, **** Ptas. 22 800, *** Ptas. 14 900, ** Ptas. 8000, * Ptas. 6000 (zuzüglich 12% MWSt.).

Jugendherberge. Ptas. 1100 pro Nacht.

Lebensmittel. Brot (500 g) Ptas. 50, Butter (250 g) Ptas. 125; Eier (Dutzend) Ptas. 180, Steak (500 g) Ptas. 500, Kaffee (250 g) Ptas. 350, Fruchtsaft (1 Liter) Ptas. 150, Flasche Wein Ptas. 300 und mehr.

Mahlzeiten und Getränke (Mittelklasse-Restaurant). Frühstück Ptas. 400, *plato del día* ab Ptas. 750, Mittag-/Abendessen Ptas. 2000 und mehr, Bier Ptas. 150, Kaffee Ptas. 80, spanischer Weinbrand Ptas. 275 und mehr, alkoholfreie Getränke Ptas. 125 und mehr.

Unterhaltung. Kino in Barcelona Ptas. 550, in Ferienorten Ptas. 350; Theater ab Ptas. 1200; Flamenco-Nachtklub Ptas. 2750 und mehr; Diskothek ab Ptas. 1000; Museum Ptas. 200 (oft Eintritt frei).

Zigaretten. Einheimische Ptas. 95, importierte Marken Ptas. 184 und mehr.

Praktische Hinweise von A bis Z

> Ein Stern (*) hinter einem Stichwort weist darauf hin, daß diesbezügliche Preise auf S. 101 zu finden sind.
> Die spanische Übersetzung der Stichwörter (meist in der Einzahl) und die Redewendungen werden Ihnen nützlich sein, wenn Sie jemanden um Auskunft oder Hilfe bitten wollen.

A

ANHALTER *(auto-stop)*. In Spanien ist per Anhalter zu reisen überall erlaubt. Falls Sie im Freien übernachten, sollten Sie darauf achten, daß sich Ihre Schlafstelle nicht in unmittelbarer Nähe eines Campingplatzes befindet; es kommt häufig vor, daß patrouillierende Polizeistreifen die Schläfer aufwecken, um ihre Papiere zu prüfen.

ÄRZTLICHE HILFE. Siehe auch Notfälle. Wenn Sie gegen Krankheit und Unfall versichert sind, sollten Sie sich rechtzeitig vor Reisebeginn einen Auslandskrankenschein besorgen. Gegen diesen Krankenschein erhalten Sie von den spanischen Vertragsgesellschaften Behandlungsgutscheine. Für Medikamente muß allerdings in den Apotheken ein kleiner Kostenanteil bezahlt werden. In Notfällen können Behandlungsgutscheine nachgereicht werden.

Für Nichtversicherte: Es empfiehlt sich, über ein Reisebüro eine Versicherung bei der spanischen Touristenversicherung ASTES abzuschließen. Sie kommt für Arzt- und Krankenhauskosten auf. Die Prämien richten sich nach der Dauer des Aufenthalts.

Damit Sie aber Ihre Ferien möglichst ganz ohne Beschwerden verbringen, sollten Sie – vor allem in den ersten Ferientagen – die spanische Sonne, die guten, ölreichen Mahlzeiten und die preisgünstigen alkoholischen Getränke mit Maßen genießen und beim Sonnenbaden oder unmittelbar danach keine eisgekühlten Getränke zu sich nehmen.

Für kleinere Behandlungen wenden Sie sich am besten an die *practicantes* der nächsten Unfallstation *(casa de socorro)*. Schnelle Hilfe vermitteln Ihnen der Hotelempfang oder die örtliche Polizeiwache.

Die **Apotheken** *(farmacia)* sind während der üblichen Geschäftszeiten geöffnet. In größeren Orten gibt es immer eine Dienstapotheke, deren Name und Adresse bei allen anderen Apotheken angeschlagen sind.

Im Ausland erkrankte Urlauber können telefonisch einen Arzt um Rat fragen. Der Telefon-Arzt, der unter der ADAC-Nummer München (089) 22 22 22 täglich rund um die Uhr erreichbar ist, vermittelt den nächsten deutschsprechenden Arzt, nimmt gegebenenfalls Kontakt mit seinem ausländischen Kollegen auf und organisiert den eventuell notwendigen Rücktransport des Kranken. Sogenannte Alarmzentralen unterhalten auch der ÖAMTC in Österreich und der TCS in Genf.

Wo ist die nächste (Notdienst-) Apotheke?	**¿Dónde está la farmacia (de guardia) más cercana?**
Ich brauche einen Arzt/ Zahnarzt.	**Necesito un médico/un dentista.**
Hier tut es mir weh.	**Me duele aquí.**
Fieber	**fiebre**
Insektenstich	**una picadura de insecto**
Magenbeschwerden	**molestias de estómago**
Sonnenbrand	**quemadura de sol**
Sonnenstich	**una insolación**

AUTOFAHREN

Für die Einreise sind nötig:

Führerschein (siehe unten)	gültige Kraftfahrzeugzulassung	grüne Versicherungskarte

Es wird dringend empfohlen, einen Auslandsschutzbrief mitzunehmen und eine Vollkasko-Versicherung abzuschließen. Falls Sie einen anderen Verkehrsteilnehmer verletzen, können Sie mit einer Kaution die Untersuchungshaft vermeiden. Erkundigen Sie sich bei einem Automobilklub oder Ihrer Versicherungsgesellschaft.

Für Deutsche, Österreicher und Schweizer genügt der nationale Führerschein. Der internationale enthält eine Übersetzung, deshalb könnte er bei Schwierigkeiten mit der Polizei nützlich sein. Außerdem wird er mitunter verlangt, wenn Sie einen Wagen mieten möchten.

Das Nationalitätskennzeichen muß gut sichtbar am Wagenheck angebracht sein. Das rote Warndreieck ist obligatorisch, ebenso das Anlegen der Sicherheitsgurte. Motorradfahrer und deren Beifahrer müssen Sturzhelme tragen.

Straßenverkehr. Die Vorschriften entsprechen den in Westeuropa üblichen Verkehrsregeln. Die Spanier benutzen die Hupe (abends die Lichthupe) gern und oft, besonders beim Überholen.

Die Hauptstraßen sind in recht gutem Zustand und werden laufend verbessert. Landstraßen weisen hingegen oft Schlaglöcher auf. Die größte Gefahr jedoch liegt im ungeduldigen Temperament der Spanier, die beim Überholen meist mehr ihrem Glück als dem gesunden

Menschenverstand vertrauen. Die meisten Unfälle passieren denn auch bei gefährlichen Überholmanövern.

Geschwindigkeitsbeschränkungen. 120 km/h auf Autobahnen, 100 oder 90 km/h auf den übrigen Straßen, 60 km/h in geschlossenen Ortschaften. Die Höchstgeschwindigkeit für Wagen mit Anhängern (z. B. Wohnwagen) beträgt auf offener Straße 80 km/h.

Die Autobahnausfahrt heißt in Katalonien *Sortida,* im übrigen Spanien *Salida.*

Parken. Viele kleine Städte verlangen noch geringe Parkgebühren, größere Ortschaften dafür um so mehr. Als Parkwächter werden oft Behinderte angestellt, und es ist üblich, die Gebühr aufzurunden.

Verkehrspolizei. Die bewaffnete *Guardia Civil de Tráfico* kontrolliert auf schweren Motorrädern den Straßenverkehr. Die immer zu zweit patrouillierenden Polizisten sind höflich und hilfsbereit, jedoch unnachsichtig bei Gesetzesübertretungen.

Die am häufigsten geahndeten Vergehen sind:

- zu schnelles Fahren,
- zu dichtes Auffahren,
- Überholen ohne Blinkersetzen,
- Fahren mit defektem Scheinwerfer (In Spanien ist es Pflicht, einen Satz Ersatzbirnen im Auto mitzuführen),
- unvollständiges Anhalten an einem STOP-Schild.

Bußen sind gleich an Ort und Stelle bar zu bezahlen.

Bei einem **Verkehrsunfall** müssen Sie sich wenn irgend möglich zwei spanische (nicht ausländische!) Zeugen sichern und Ihre Haftpflichtversicherung sowie die spanische Korrespondenzgesellschaft sofort telegrafisch benachrichtigen. Verständigen Sie in ernsteren Fällen unbedingt auch Ihren Automobilklub und das nächste Konsulat Ihres Heimatlandes, und geben Sie niemandem eine Schuldanerkenntnis.

Benzin und Öl. Tankstellen sind genügend vorhanden, vor allem in den Hauptferiengebieten. Bei Fahrten in einsamere Gegenden sollten Sie jedoch lieber vorher volltanken.

Erhältlich sind Super (96 Oktan), Normal (92 Oktan), bleifreies Benzin *(sin plomo)* – noch selten – (95 Oktan) und Diesel. Dem Tankwart gibt man üblicherweise ein kleines Trinkgeld.

Reparaturen. In Fremdenverkehrsgebieten muß man bei größeren Reparaturen mit einigen Tagen Wartezeit rechnen. Ersatzteile für die bekannteren Automodelle sind in der Regel leicht erhältlich.

Verkehrszeichen. Sie entsprechen in den meisten Fällen der internationalen Norm, doch tragen einige davon eine spanische Aufschrift:

Aduana	Zoll
¡Alto!	Halt!
Autopista (de peaje/peatge)	(gebührenpflichtige) Autobahn
Ceda el paso	Vorfahrt beachten
Cruce peligroso	Gefährliche Kreuzung
Despacio	Langsam fahren
Desviación	Umleitung
Peligro	Gefahr
Puesto de socorro	Erste-Hilfe-Station

(internationaler) Führerschein	**carnet de conducir (internacional)**
Wagenpapiere	**permiso de circulación**
grüne Versicherungskarte	**carta verde**

Bitte volltanken.	**Llene el depósito, por favor.**
Bitte kontrollieren Sie das Öl/die Reifen/die Batterie.	**Por favor, controle el aceite/los neumáticos/la batería.**
Ich habe eine Panne.	**Mi coche se ha estropeado.**
Es ist ein Unfall passiert.	**Ha habido un accidente.**

AUTOVERLEIH★ *(coches de alquiler)*. Niederlassungen mehrerer Autovermietungen finden Sie in allen größeren Orten sowie in den meisten Ferienzentren. Die Preise sind unterschiedlich, und es lohnt sich, ein wenig Marktforschung zu treiben. Offiziell wird ein internationaler Führerschein verlangt, doch in der Praxis begnügt man sich fast immer mit ihrem nationalen Führerschein. Die Polizei gibt sich aber bei einer Kontrolle nicht unbedingt damit zufrieden.

Um einen Wagen zu mieten, müssen Sie mindestens 21 (bei manchen Firmen 25) Jahre alt sein.

Ihr Mietauto wird in den meisten Fällen ein Seat sein. Falls Sie nicht im Besitz einer international bekannten Kreditkarte sind, müssen Sie bei Vertragsabschluß eine Kaution in Höhe der ungefähren Mietsumme bezahlen. Auf die Gesamtsumme wird eine Verkehrssteuer hinzugerechnet. Die Preise auf S. 101 entsprechen denen der internationalen Agenturen (örtliche Firmen haben oft niedrigere Tarife) und enthalten Haftpflichtversicherung und Haftkaution (siehe AUTOFAHREN).

Ich möchte (für morgen) ein Auto mieten.	**Quisiera alquilar un coche (para mañana).**
für einen Tag/eine Woche	**por un día/una semana**

B **BABYSITTER*.** Wenn Sie einen Babysitter brauchen, wenden Sie sich am besten an den Hotelempfang. Die Tarife sind verschieden und meist etwas niedriger in Orten außerhalb der Fremdenverkehrszentren. Nach Mitternacht wird in der Regel ein Zuschlag erhoben.

Können Sie mir für heute abend einen Babysitter besorgen?	¿Puede conseguirme una canguro para cuidar los niños esta noche?

C **CAMPING*** *(camping).* Katalonien und die Costa Brava sind bei Campingfreunden äußerst beliebt, und so gibt es hier etwa 300 »amtlich abgesegnete« Plätze. Sie sind in der Broschüre *Catalunya Campings* aufgeführt, die bei der *Federacio Catalana de Campings* (oder in jedem Fremdenverkehrsbüro) erhältlich ist:

Gran Via 608, 3°A, 08007 Barcelona; Tel. 412 5955.

Die Campingplätze sind in vier Kategorien (Luxus, erste, zweite und dritte Klasse) aufgeteilt. Es gibt überall Strom, Wasser, Toiletten und Duschen, alle Plätze sind Tag und Nacht bewacht.

Eine vollständige Liste aller Campingplätze in Spanien bekommen Sie beim staatlichen spanischen Fremdenverkehrsamt (siehe FREMDENVERKEHRSÄMTER).

Dürfen wir hier zelten?	¿Podemos acampar aquí?
Wir haben ein Zelt/einen Wohnwagen.	Tenemos una tienda de camping/ una caravana.

Was macht das…?	¿Cuál es el precio…?
pro Tag	por día
pro Person/Kind	por persona/niño
für ein Auto/für ein Zelt	por coche/por tienda
für einen Wohnwagen	por caravana

D **DIEBSTAHL und VERBRECHEN.** Diebstähle, Wagen- und Wohnungseinbrüche und andere Gaunereien jeder Art nehmen auch in Spanien – wie überall – ständig zu. Achten Sie auf Ihre Hand- und Brieftasche, besonders in der Menschenmenge. Wertsachen lassen Sie am besten im Hotelsafe verwahren, sie gehören keinesfalls an den Strand. Räumen Sie Ihren Wagen aus, und lassen Sie keine Taschen, Kameras und ähnliches sichtbar darin liegen. Melden Sie einen Diebstahl immer der Guardia Civil. Sie wird zwar nur selten Ihr Eigentum aufspüren, doch haben Sie die Unterlagen, um den Fall Ihrer Versicherung zu melden.

Ich möchte einen Diebstahl melden.	Quiero denunciar un robo.	**D**
Meine Karte/Handtasche/Brieftasche/mein Paß ist gestohlen worden.	Me han robado mi billete/mi bolso/mi cartera/mi pasaporte.	

FAHRRAD- UND MOTORROLLERVERLEIH *(bicicletas/ scooters de alquiler)*. In einigen Orten der Costa Brava kann man Fahrräder mieten, bei vielen Verleihfirmen auch Mopeds und Motorroller. Für die (obligatorische) Versicherung wird ein Zuschlag zum Grundpreis erhoben, und es wird eine Hinterlegungssumme verlangt. Benutzer eines Mopeds von weniger als 75 cm³ müssen mindestens 16 Jahre alt sein; für Fahrzeuge mit einem Hubraum von mehr als 75 cm³ liegt die untere Altersgrenze bei 18 Jahren (Führerschein erforderlich). Sturzhelme sind für Motorradfahrer und -beifahrer obligatorisch.

F

Ich möchte ein Fahrrad mieten.	Quisiera alquilar una bicicleta.
Was kostet es pro Tag/Woche?	¿Cuánto cobran por día/semana?

FEIERTAGE *(fiesta)*

1. Januar	*Año Nuevo*	Neujahr
6. Januar	*Epifanía*	Dreikönigstag
19. März	*San José*	Josephstag
1. Mai	*Día del Trabajo*	Tag der Arbeit
25. Juli	*Santiago Apóstol*	Jakobstag
15. August	*Asunción*	Mariä Himmelfahrt
12. Oktober	*Día de la Hispanidad*	Entdeckung Amerikas
1. November	*Todos los Santos*	Allerheiligen
6. Dezember	*Día de la Constitución Española*	Verfassungstag
25. Dezember	*Navidad*	Weihnachten
Bewegliche Feiertage:	*Jueves Santo*	Gründonnerstag
	Viernes Santo	Karfreitag
	Lunes de Pascua	Ostermontag (nur Katalonien)
	Corpus Christi	Fronleichnam
	Inmaculada Concepción	Mariä Empfängnis (normalerweise 8. 12.)

F Dies sind die Feiertage, die in ganz Spanien gefeiert werden; dazu kommen noch lokale Feiertage und Feste der verschiedenen Berufsgruppen. Nach diesen erkundigen Sie sich am besten im lokalen Fremdenverkehrsamt oder in Ihrem Hotel.

Ist morgen geöffnet?	**¿Está abierto mañana?**

FEILSCHEN und HANDELN. Bitte verwechseln Sie spanische Geschäfte nicht mit orientalischen Basaren. Normalerweise sind die Waren in Spanien mit einem Preisschildchen versehen, und die Verkäufer halten sich daran. Manchmal findet man einen Straßenhändler, der auch Spaß daran hat, aber im allgemeinen führt Feilschen zu nichts und wird überdies als geschmacklos empfunden.

FLUGHAFEN *(aeropuerto)*. Der Flugverkehr von und zur Costa Brava läuft über den Flughafen von Girona (11 km vor der Hauptstadt der Provinz gleichen Namens).

Die Fahrt mit dem Taxi vom Flughafen nach Girona dauert etwa 20 Minuten. Ab Girona gibt es Buslinien zu allen Badeorten der Costa Brava.

Reisende, die internationale Linienflüge gebucht haben, kommen auf dem Flughafen von Barcelona an, wo es Gepäckträger, Wechselstuben, ein Informationsbüro für Touristen, Autovermietungen und Zugverbindungen nach Barcelona gibt.

Gepäckträger!	**¡Mozo!**
Taxi!	**¡Taxi!**
Wo fährt der Bus nach…?	**¿De dónde sale el autobús para…?**

FOTOGRAFIEREN *(fotografía)*. In Spanien stellt die Belichtung – vor allem während der Mittagszeit – einige Probleme. Wegen der blendenden Spiegelungen des Meeres oder der weißgetünchten Hausmauern können Sie sich nicht unbedingt auf den Belichtungsmesser Ihrer Kamera verlassen und müssen unter Umständen eine längere Belichtungszeit oder eine größere Blende wählen. Lesen Sie noch einmal die Gebrauchsanweisung Ihrer Kamera oder lassen Sie sich vor der Abreise von Ihrem Fotohändler beraten.

Die meisten bekannten Filmmarken und Formate sind in Spanien erhältlich, die Preise jedoch hoch. Es lohnt sich daher, einen gewissen Vorrat mitzunehmen. Die spanischen Filme *Negra* und *Valca*

(Schwarzweiß) und *Negracolor* (Farbe) sind gut und bedeutend billiger als importierte Marken.

Fotogeschäfte in größeren Orten entwickeln und kopieren Schwarzweiß- und Farbfilme innerhalb von ein oder zwei Tagen, die meisten sogar innerhalb einer Stunde. Für Filme, die Sie erst zuhause entwickeln lassen möchten, sollten Sie zum Schutz gegen die Strahlenkontrolle am Flughafen eine bleiummantelte Hülle erstehen.

Ich möchte einen Film für diese Kamera.	**Quisiera un carrete para esta máquina.**
ein Schwarzweißfilm	**un carrete en blanco y negro**
ein Farbfilm	**un carrete para película en color**
ein Diafilm	**un carrete de diapositivas**
Darf ich eine Aufnahme machen?	**¿Puedo sacar una foto?**

FREMDENFÜHRER und DOLMETSCHER *(guía; intérprete)*. Die örtlichen Fremdenverkehrsämter, größeren Hotels und Reisebüros können Ihnen einen qualifizierten Fremdenführer und/oder Dolmetscher besorgen, falls Sie nicht aufs Geratewohl Ihre Besichtigungsziele besuchen wollen. Für Verhandlungen auf geschäftlicher Ebene kann mitunter auch Ihr Heimatkonsulat einen deutschkundigen Katalanen empfehlen.

Bei organisierten Ausflügen stellt das Reisebüro oder der Veranstalter einen deutschsprechenden Fremdenführer zur Verfügung.

Wir möchten einen deutschsprachigen Fremdenführer.	**Queremos un guía que hable alemán.**
Ich brauche einen Dolmetscher für Deutsch.	**Necesito un intérprete de alemán.**

FREMDENVERKEHRSÄMTER *(oficina de turismo)*. Folgende Niederlassungen des offiziellen spanischen Fremdenverkehrsamtes im Ausland werden Sie gern beraten:

Düsseldorf: Graf-Adolf-Straße 81; Tel. (0211) 37 04 67.
Frankfurt am Main: Postfach 17 05 47; Tel. (069) 72 50 33 und 72 50 38.
München: Oberanger 6; Tel. (089) 260 95 70.
Wien: Rotenturmstraße 27; Tel. (1) 535 79 30.
Zürich: Seefeldstraße 19; Tel. (01) 252 79 31.

F Alle größeren Touristenzentren an der Costa Brava haben ihre örtlichen Fremdenverkehrsbüros, die im allgemeinen zwischen 10–13 und 16–19.30 Uhr geöffnet sind.

Barcelona: Flughafen, Hauptbahnhof (Estació de Sants), Moll de la Fusta, Plaça de Sant Jaume (Gotisches Viertel); Spanisches Fremdenverkehrsamt in der Via de les Corts Catalanes, 658.

Girona: Bahnhof und Carrer Ciutadans, 12.

Lloret de Mar: Plaça de la Vila.

Wo ist das Fremdenverkehrsamt?	**¿Dónde está la oficina de turismo?**

FRISEUR*. Sie haben die Wahl zwischen teuren Modefriseuren in Hotels oder großen Ferienorten und dem billigeren Salon um die Ecke. Damenfriseure heißen *peluquería*. Herrenfriseure *barbería*. Siehe auch TRINKGELDER.

Waschen und Legen, bitte.	**Quiero lavado y marcado.**
Dauerwelle...	**...una permanente**
Tönung/Färbung...	**...un reflejo/un tinte**
Schneiden Sie nicht zu kurz.	**No me lo corte mucho.**
(Hier) etwas kürzer.	**Un poco más (aquí).**

FUNDSACHEN. Versuchen Sie sich zu erinnern, wo Sie den Gegenstand vergessen oder verloren haben könnten. Fragen Sie auch im Hotel nach. Bringt dies keinen Erfolg, melden Sie den Verlust der Polizei oder der Guardia Civil.

Ich habe meine Handtasche/Brieftasche/meinen Paß verloren.	**He perdido mi bolso/cartera/pasaporte.**

G **GELDANGELEGENHEITEN**

Währung. Währungseinheit ist die *peseta* (abgekürzt *pta*.).
  Münzen: 1, 2, 5, 10, 25, 50, 100, 200 und 500 Peseten.
  Scheine: 500, 1000, 2000, 5000 und 10 000 Peseten.
  Die 5-Peseten-Münze wird *duro* genannt; wenn der Preis also 10 *duros* beträgt, sind damit 50 Peseten gemeint.
  Devisenbeschränkungen siehe ZOLL.

Banken. Öffnungszeiten: Montag bis Freitag 9–14 Uhr, Samstag bis 13 Uhr. Außerhalb dieser Öffnungszeiten können Sie auch in einem *cambio* (Wechselstube) oder in Ihrem Hotel Geld wechseln. Für Reiseschecks erhalten Sie einen etwas günstigeren Wechselkurs als für Bargeld. Nehmen Sie zum Geldwechseln immer Paß, Personalausweis oder Identitätskarte mit, da nur diese als Ausweis akzeptiert werden.

Kreditkarten und Reiseschecks. Zahlen mit Kreditkarte ist in Spanien noch nicht überall gut bekannt. Die am ehesten anerkannten Kreditkarten sind American Express und Diner's Club. Diese und auch einige andere werden in manchen Hotels, Restaurants und Geschäften bereitwillig angenommen, im allgemeinen aber vertrauen die Spanier barem Geld auf der Hand sehr viel mehr.

Reiseschecks und Eurocheques dagegen werden fast überall in Zahlung genommen, denken Sie aber daran, daß Sie einen besseren Wechselkurs erhalten, wenn Sie in einer Bank umtauschen.

Ich möchte D-Mark/Schillinge/ Schweizer Franken wechseln.	**Quiero cambiar marcos alemanes/chelines austriacos/francos suizos.**
Nehmen Sie Reiseschecks?	**¿Acepta usted cheques de viaje?**
Kann ich mit dieser Kreditkarte zahlen?	**¿Puedo pagar con esta tarjeta de crédito?**

GOTTESDIENSTE *(servicio religioso)*. In den Badeorten der Costa Brava werden in der Hauptreisezeit auch Gottesdienste in deutscher Sprache gehalten. Fragen Sie beim örtlichen Fremdenverkehrsbüro. In Barcelona gibt es deutsche und verschiedene andere ausländische Gemeinden mit eigenen Kirchen.

Deutsche Katholische Kirche: Calle Porvenir, 14.

Deutsche Evangelische Kirche: Comunidad Evangélica Alemana, Calle Brusí, 94.

Schweizerische Landeskirche: Iglesia Reformada Suiza, Calle Aragón, 51.

Eine Synagoge befindet sich an der Calle Porvenir, 24.

Wann beginnt die Messe/ der Gottesdienst?	**¿A qué hora es la misa/el culto?**
Ist sie/er auf deutsch?	**¿Es en alemán?**

H **HAUSTIERE** *(animal doméstico)*. Erkundigen Sie sich vor der Abreise vorsichtshalber bei einem Reisebüro nach den gültigen Bestimmungen über die Mitnahme von Haustieren nach Spanien; diesbezügliche Vorschriften ändern sich oft.

In vielen Hotels in Spanien sind Haustiere nicht erwünscht; vermeiden Sie böse Überraschungen durch vorherige Anfrage. Auch sind Tierärzte oft schwer zu finden, und sie kennen sich meist besser mit Großvieh aus als mit Hunden und Katzen.

HOTELS* und ANDERE UNTERKÜNFTE *(hotel; alojamiento)*. Siehe auch CAMPING. Die staatliche Kontrolle über die Hotelpreise ist in Spanien inzwischen aufgehoben worden. Je nach Geldbeutel findet man Unterkunft in einem einfachen, aber immer sauberen Zimmer einer *pensión* oder in einem luxuriösen Fünf-Sterne-Hotel. Bevor Sie Ihr Zimmer beziehen können, müssen Sie ein Formular unterschreiben, auf dem Hotelkategorie, Zimmernummer und Preis vermerkt sind. Das Frühstück ist gewöhnlich im Preis inbegriffen.

Bei der Anmeldung werden Sie wahrscheinlich Ihren Paß für eine kurze Zeit am Hotelempfang zurücklassen müssen.

Andere Unterkünfte

Hotel-Residencia und **Hostal.** Einfacher Gasthof, Kategorien eins bis drei.

Pensión. Gästeheim, Kategorien eins bis drei, mit wenig Komfort.

Fonda. Einfacher, sauberer Landgasthof.

Parador. Meist außerhalb der Städte gelegen, oft in alten, historischen Bauten untergebracht. Praktisch für den Automobilisten. Staatlich geleitet.

Albergue. Staatlich geführte Raststätten an Landstraßen.

Refugio. Jagdhütte in den Bergen.

Residencia. In Verbindungen wie *hostal-residencia* oder *hotel-residencia* bedeutet dies, daß das Hostal bzw. Hotel keinen Restaurant-Service bietet.

Ich hätte gern ein Einzel-/Doppelzimmer.	**Quisiera una habitación individual/doble.**
mit/ohne Bad/Dusche	**con/sin baño/ducha**
Wieviel kostet eine Nacht?	**¿Cuánto cuesta por noche?**

JUGENDHERBERGEN* *(albergue de juventud)*. In Spanien findet man nur wenige und weit voneinander entfernte Jugendherbergen. Im Gebiet der Costa Brava gibt es eine in Empúries und fünf in Barcelona. Es wird ein Jugendherbergsausweis verlangt.

KARTEN und PLÄNE. Seit dem Tode Francos weht ein frischer Wind in Spanien. Das äußert sich unter anderem darin, daß zahlreiche Straßen umgetauft wurden. Da muß man sich manchmal durchfragen, wenn die gesuchte Adresse unfindbar bleibt. Wo immer möglich haben wir in unserem Reiseführer die neuesten Namen verwendet.

Auch bei Städtenamen wird hier und da ein Buchstabe ausgetauscht: Gerona wird zu Girona, Rosas zu Roses, Ampurias zu Empúries usw. (Siehe auch SPRACHE). Einige Hinweise zur Erleichterung:

Kastilisch	Deutsch	Katalanisch
Avenida	Allee, Avenue	*Avinguda*
Calle	Straße	*Carrer*
Camino	Weg, Straße	*Camí*
Iglesia	Kirche	*Església*
Palacio	Schloß	*Palau*
Pasaje	Passage	*Passatge*
Paseo	Boulevard	*Passeig*
Plaza	Platz	*Plaça*

Die Karten und Pläne in diesem Führer wurden vom Falk-Verlag, Hamburg, ausgearbeitet, der ebenfalls einen Stadtplan von Barcelona herausgibt.

ein Stadtplan von… **un plano de la ciudad de…**
eine Straßenkarte dieser Gegend **un mapa de carreteras de esta comarca**

KLEIDUNG. Von Juni bis September ist es tagsüber sehr heiß, doch sollte man eine Jacke für gelegentliche kühle Abende mitnehmen. Während der übrigen Monate können die Nächte oft kalt sein, und manchmal weht ein ungewöhnlich kalter Wind, der *tramontana*, besonders im nördlichen Teil der Costa Brava.

Absolut selbstverständlich ist es, daß Frauen wie Männer bei Kirchenbesuchen passend angezogen sind – kurze Hosen und tiefe Dekolletés sind hier fehl am Platz.

KONSULATE und BOTSCHAFTEN *(consulado; embajada)*. Fast alle westeuropäischen Länder haben konsularische Vertretungen in

K Barcelona, manche auch in Girona. Bei Verlust von Ausweispapieren, einem schweren Unfall oder Schwierigkeiten mit Behörden oder Polizei wenden Sie sich am besten an das für Sie zuständige Konsulat. Die Botschaften befinden sich in Madrid.

Generalkonsulat der Bundesrepublik Deutschland: Barcelona, Paseo de Gracia, 111; Tel. 415 36 96.

Österreichisches Generalkonsulat: Barcelona, Calle Mallorca, 286; Tel. 257 36 14.

Schweizer Generalkonsulat: Barcelona, Gran Vía de Carlos III, 94; Tel. 330 92 11.

Die Konsulate sind im allgemeinen montags bis freitags zwischen 9 und 12 oder 13 Uhr geöffnet.

Wo ist das deutsche/österreichische/Schweizer Konsulat?	¿Dónde está el consulado alemán/austriaco/suizo?

N **NOTFÄLLE** *(urgencia)*. Wenn Sie sich bei einem Notfall nicht im Hotel befinden, rufen Sie selbst die städtische Polizei oder die Guardia Civil (einheitlicher Polizeinotruf in ganz Spanien: 091). Nehmen Sie, wenn immer möglich, jemanden mit, der Spanisch spricht. Siehe auch unter Ärztliche Hilfe, Konsulate, Polizei usw.

Nicht nur Autofahrern, sondern allen Spanien-Reisenden, die Probleme während ihres Aufenthalts zu lösen haben, kann die Notrufstation in Barcelona (Tel. 200 88 00) weiterhelfen, die von Automobilklubs betrieben wird und mit deutschsprachigem Personal besetzt ist.

Folgende spanische Ausdrücke mögen Sie sich für alle Fälle merken:

Feuer	**Fuego**	Hilfe	**Socorro**
Halt	**Deténgase**	Polizei	**Policía**
Haltet den Dieb!	**Al ladrón**	Vorsicht	**Cuidado**

O **ÖFFENTLICHE VERKEHRSMITTEL**

Bus *(autobús)*. Busse von Privatunternehmen sorgen für gute Verbindungen zwischen Girona, Barcelona und den verschiedenen Orten an der Küste und im Landesinnern. Der Zielort ist vorn am Bus angeschrieben.

Die meisten Busse in die Städte und Badeorte an der Costa Brava fahren im Hafen von Barcelona ab.

Eisenbahn *(tren)*. Nahverkehrszüge sind langsam und halten an jedem Bahnhof, Fernschnellzüge hingegen, besonders *Talgo* und *Ter*, fahren schnell und pünktlich.

EuroCity (EC)	Internationaler Schnellzug; 1. und 2. Klasse
Talgo, Intercity, Electrotren, Ter, Tren Estrella	Bequemer EC-ähnlicher Zug; 1. und 2. Klasse mit Zuschlag
Expreso, Rápido	Schnellzug, der nur in größeren Orten hält; Zuschlag; meist nur 2. Klasse
Omnibus, Tranvía	Lokalzüge, die an den meisten Stationen halten; gewöhnlich nur 2. Klasse
Auto Expreso	Autoreisezug
coche restaurante	Speisewagen
coche cama	Schlafwagen mit 1-, 2-, odere 3-Bett-Abteilen
litera	Liegewagen

Erkundigen Sie sich nach den Touristenkarten mit erheblichen Fahrpreisermäßigungen von Spaniens Eisenbahngesellschaft RENFE.

Wann fährt der nächste Bus nach…?	**¿Cuándo sale el próximo autobús para…?**
einfach	**ida**
hin und zurück	**ida y vuelta**
Wieviel kostet die Fahrt nach…?	**¿Cuánto es la tarifa a…?**
Wann fährt/Welches ist der beste Zug nach…?	**¿Cuándo/Cuál es el mejor tren para…?**
1./2. Klasse	**primera/segunda clase**
Ich möchte Platzkarten bestellen.	**Quiero reservar asientos.**

POLIZEI *(policía)*. Es gibt drei Haupt-Polizeikorps in Spanien: die *Policía Municipal* (städtische Polizei), die der örtlichen Verwaltung untersteht und blaue Uniformen mit Abzeichen trägt; das *Cuerpo*

Nacional de Policia (nationale Polizei), eine bewaffnete Einheit, die für Gewaltverbrechen zuständig und an seiner braunen Uniform zu erkennen ist; und die *Guardia Civil*, die auch den Verkehr überwacht. In Katalonien arbeitet zudem eine unabhängige Polizei, die *Messes d'Esquadra*.

Wenn Sie Hilfe brauchen, können sie sich an jedes der drei Korps wenden.

POST, TELEGRAMME, TELEFON

Postamt *(Correos y Telégrafos)*. In spanischen Postämtern können Sie auch Telegramme aufgeben, gewöhnlich aber keine Telefongespräche führen. Die Öffnungszeiten sind im allgemeinen:
Montag bis Freitag 9–13 oder 13.30 und 16–18 oder 19 Uhr, Samstag 9–13 oder 13.30 Uhr.

Briefmarken *(sello)* bekommen Sie auch in Tabakläden *(tabacos)*, manchmal auch am Hotelempfang. Die Briefkästen sind gelb.

Postlagernde Sendungen *(lista de correos)*. Wenn Sie Ihre Post nach Spanien nachschicken lassen wollen, jedoch keine feste Adresse haben, müssen die Sendungen mit Ihrem Namen, der Bezeichnung *Lista de Correos* (postlagernd) sowie dem Namen der nächstgelegenen Stadt versehen sein. Sie können sie dann auf dem Hauptpostamt der betreffenden Stadt gegen Vorzeigen Ihres Ausweises abholen.

Telegramme *(telegrama)*. Die Öffnungszeiten der Telegrafenämter liegen gewöhnlich zwischen 8 und 24 Uhr. Das Hauptamt in Girona (Adresse siehe unten) ist von 8–21 Uhr geöffnet. Sie können Ihre Telegramme aber auch beim Hotelempfang aufgeben.

Avinguda Ramón Folch, Girona; Tel. 20 16 87.

Telefon *(teléfono)*. Orts-, Fern- und auch Auslandsgespräche können Sie von öffentlichen Telefonzellen, von den meisten Hotels (nicht selten nur gegen hohe Aufpreise) und von einigen Postämtern aus führen. Die Vorwahlnummern finden Sie im Telefonbuch.

Halten Sie genügend Kleingeld bereit, falls Sie von einem Münzfernsprecher ins Ausland anrufen. Nehmen Sie den Hörer ab, warten Sie auf das Freizeichen, wählen Sie 07, warten Sie erneut auf den Wählton, und geben Sie dann die Nummer mit Landes- (BRD 49, Österreich 43, Schweiz 41) und Stadtvorwahl (ohne »0«) ein.

Ein R-Gespräch (Empfänger bezahlt) heißt *cobro revertido*, ein Gespräch mit Voranmeldung *persona a persona*.

Buchstabiertafel			
A Antonio	G Gerona	M Madrid	S Sábado
B Barcelona	H Historia	N Navarra	T Tarragona
C Carmen	I Inés	Ñ Ñoño	U Ulises
CH Chocolate	J José	O Oviedo	V Valencia
D Dolores	K Kilo	P París	W Washington
E Enrique	L Lorenzo	Q Querido	X Xiquena
F Francia	LL Llobregat	R Ramón	Y Yegua
			Z Zaragoza

Wo ist das (nächste) Postamt?	**¿Dónde está la oficina de correos más cercana?**
Eine Briefmarke für diesen Brief/ diese Postkarte, bitte.	**Por favor, un sello para esta carta/tarjeta.**
Eilbrief	**urgente**
Luftpost	**vía aérea/por avion**
Einschreiben	**certificado**
Haben Sie Post für…?	**¿Ha recibido correo para…?**
Ich möchte ein Telegramm nach… aufgeben.	**Quisiera mandar un telegrama a …**
Können Sie mich mit dieser Nummer in … verbinden?	**¿Puede comunicarme con este número en …?**

RADIO und FERNSEHEN *(radio; televisión)*. In Spanien können Sie auch einige deutschsprachige Sender empfangen, tagsüber am besten über Kurzwelle. Abends und nachts ist sogar der Empfang über Mittelwelle mit Kofferradios recht gut. Sendungen in deutscher Sprache für Touristen bringen Radio Cadena Gerona und Radio Maritim Lloret de Mar (UKW 93,3) zwischen 21 und 22 Uhr.

Die meisten Hotels und Cafés besitzen einen Fernsehapparat. Das spanische Fernsehen überträgt häufig Sportsendungen – und bei Fußball oder einem Stierkampf fällt es kaum ins Gewicht, daß der Kommentator Spanisch spricht.

REISERECHT. In etlichen Punkten ist das Recht des Urlaubers nach wie vor nicht klar umrissen, in anderen hingegen werden Sie einfache Kenntnisse vor Schaden bewahren. Die nachstehenden Informationen können zwar nicht vollständig sein, sie sollen aber auf Beachtenswertes hinweisen.

R So sollten Sie zum Beispiel wissen, daß die Flugscheine der Liniengesellschaften in der Regel ein Jahr Gültigkeit haben, diese Spanne bei Spezialtickets jedoch oft wesentlich kürzer ist. Daß die großen internationalen Leihwagenfirmen ihren Kunden gestatten, auch kurzfristig ohne Nachteil vom Vertrag zurückzutreten. Daß ein Urlauber sich jederzeit vor Beginn der Reise von einem Pauschalreisevertrag lösen kann, wenn er dies dem Veranstalter schriftlich mitteilt. (Sie werden dann allerdings eine Rücktrittsgebühr entrichten müssen.) Daß die Rücktrittsgebühren bei Charterflugreisen und Schiffsreisen zeitlich gestaffelt sind – sie mögen bei letzteren bis zu 75% betragen – und Sie daher die entsprechenden Hinweise vor dem Vertragsabschluß gut durchlesen sollten. Und so fort.

Die dringendste Empfehlung, die wir geben können, lautet: Lesen Sie bei allen Bestellungen und Buchungen das Kleingedruckte, die allgemeinen Geschäftsbedingungen, genau, denn mit Ihrer Unterschrift erkennen Sie sie an.

Zweitens gilt es, je nach der Art der gebuchten Reise entsprechende Versicherungen abzuschließen, zum Beispiel eine Reise-Rücktrittskostenversicherung, Reise-Gepäckversicherung, Reise-Haftpflichtversicherung, Reise-Unfallversicherung, Reise-Krankenversicherung usw.

Auskunft erteilen in allen Fragen sowohl die Verbraucherschutzverbände als auch die örtlichen Versicherungsagenturen und natürlich die Reisebüros.

Wohin sich wenden jedoch, wenn im Ausland Geld, Reisepaß, Dokumente oder Gepäck abhanden kommen? Unkenntnis der Landesgesetze, die, auch unschuldige, Verwicklung in einen Verkehrsunfall mögen ins Gefängnis führen. Todesfälle kommen vor. In allen diesen Fällen hilft Ihre Auslandsvertretung (siehe KONSULATE). Es ist die Pflicht der Konsularabteilungen, zu helfen. Ihre Hauptaufgabe ist es, neue Papiere zu besorgen, hingegen sind sie keine Kreditinstitute. Gegebenenfalls gibt es zwar einen Vorschuß für die Heimfahrt und ein Zehrgeld, doch beides muß zuhause zurückbezahlt werden.

Geht es um Gesetzesfragen, wird alles komplizierter. Hier kann das Konsulat nur einen einheimischen Anwalt vermitteln, bei unbegründeten Festnahmen auch Beschwerde vortragen. Wer festgenommen wird, hat nach der Wiener Konvention Anspruch auf Kontakt mit seinem Konsul.

REKLAMATIONEN. Alle Hotels, Restaurants und Campingplätze sind verpflichtet, offizielle Beschwerdeformulare *(Libro Oficial de Reclamaciones/Llibre Oficial de Reclamacions)* vorrätig zu haben und bei Bedarf zur Verfügung zu stellen. Sie werden in drei Exemplaren ausgefüllt, von denen das Original an die regionale Vertretung des Ministeriums für Fremdenverkehr geschickt wird, eine Kopie im beanstandeten Hotel oder Restaurant bleibt und Sie die zweite Kopie behalten. Meist genügt bereits die Frage nach einem Beschwerdeformular, um ein Problem gütlich beizulegen. Man sollte sich jedoch nur in schweren Fällen schriftlich beschweren, denn Klagen werden sehr ernstgenommen, und der Ruf und die Lizenz des Besitzers stehen auf dem Spiel.

Falls Sie sich einmal wirklich nicht mehr zu helfen wissen und auch die Polizei nicht rufen können, schreiben Sie direkt an

Turespaña, María de Molina 50, 28006 Madrid.

Schlechte Ware, Autoreparaturen. Durch neue Gesetze werden die Rechte der Käufer weitgehend geschützt. Verbraucherberatungsstellen sind überall im Aufbau, es werden Kontrollen durchgeführt, und die Forderung von »Wucherpreisen« wird neuerdings bestraft. Meist kann schon das örtliche Fremdenverkehrsbüro bei vermeintlicher Übervorteilung den Fall klären. Wenn Sie sich über alle Maße geschröpft fühlen, wenden Sie sich am besten an die Polizei.

SIESTA. Das Wort kennt man überall – die Sitte leider nicht. Machen Sie sich während Ihrer Ferien mit ihr vertraut.

An der Costa Brava sind während dieser mittäglichen Ruhepause – meist von 13 bis 16 oder 17 Uhr – auch Geschäfte und Büros geschlossen, öffnen danach aber wieder bis gegen 20 Uhr.

SPRACHE. Natürlich wird Spaniens Landessprache Kastilisch *(castellano)* überall an der Costa Brava verstanden und gesprochen, doch die eigentliche Muttersprache ist Katalanisch *(catalán)*. Viele Katalanen sprechen lieber und flüssiger Katalanisch als das kastilische Spanisch. Seit dem Tode Francos und dem Wiedererstarken des Regionalbewußtseins ist Katalanisch zu neuen Ehren gelangt.

Für den Besucher der Costa Brava wäre es natürlich übertrieben, plötzlich mit großem Eifer Katalanisch zu lernen; ein paar Brocken Spanisch genügen eigentlich. Es wird Ihnen aber sicherlich Sympathie eintragen, wenn Sie ein paar Worte *catalán* kennen – versichern Sie sich allerdings vorher, ob Ihr Gesprächspartner Katalane ist, denn an der ganzen Küste arbeiten, besonders im Sommer, Spanier aus allen Gegenden des Landes, die genauso wenig – oder soviel – Katalanisch können wie Sie! In vielen Touristenorten wird man Ihnen mit einigen Worten Deutsch, Französisch oder Englisch entgegenkommen.

S

	Katalanisch	**Kastilisch**
Guten Morgen/Tag	*Bon dia*	*Buenos días*
Guten Nachmittag/Abend	*Bona tarda*	*Buenas tardes*
Gute Nacht	*Bona nit*	*Buenas noches*
Bitte	*Si us plau*	*Por favor*
Danke	*Gràcies*	*Gracias*
Gern geschehen	*De res*	*De nada*
Auf Wiedersehen	*Adéu*	*Adiós*

SPANISCH FÜR DIE REISE von Berlitz und das Berlitz Taschenwörterbuch Spanisch-Deutsch/Deutsch-Spanisch (mit einer Erläuterung der spanischen Speisekarte) vermitteln Ihnen den für die meisten Situationen ausreichenden Wortschatz. Siehe auch KARTEN UND PLÄNE.

Spricht jemand Deutsch?	**¿Hay alguien que hable alemán?**
Ich spreche nicht Spanisch.	**No hablo español.**

STROMSPANNUNG *(corriente eléctrica)*. Die Regel ist eine Spannung von 220 Volt Wechselstrom, selten gibt es auch noch Steckdosen mit 125 Volt. Es empfiehlt sich, für Geräte mit Sicherheitsstecker einen Zwischenstecker mitzunehmen. Bei Schwierigkeiten wird man Ihnen am Hotelempfang einen *electricista* empfehlen.

Welche Spannung haben Sie – 125 oder 220 Volt?	**¿Cuál es el voltaje – ciento veinticinco (125) o doscientos veinte (220)?**
Adapter/Batterie	**un transformador/una pila**

T

TAXIS *(taxi)*. Es empfiehlt sich, vor Antritt der Fahrt nach dem Preis zu fragen, dies auch dann, wenn das Taxi über einen Gebührenzähler verfügt. Bei Fahrten über Land ist der Fahrer berechtigt, auch die Rückfahrt zu berechnen – ob Sie nun mitfahren oder nicht. Außerdem gibt es Zuschläge aller Art: Nachtfahrten, an Feiertagen, vom Bahnhof, Flughafen, Theater, von der Stierkampfarena aus, für Gepäcktransport u.a.m. Allerdings ist die Gesamtsumme trotzdem noch etwas geringer als bei einer vergleichbaren Fahrt in anderen Ländern Europas.

Ein grünes Licht und/oder die Aufschrift *Libre* zeigt Ihnen an, daß ein Taxi frei ist. Ein Trinkgeld von 10% ist üblich.

Wieviel kostet die Fahrt nach…?	**¿Cuánto es la tarifa a…?**

TOILETTEN. Die üblichsten Bezeichnungen für das stille Örtchen in Spanien sind *aseos* und *servicios;* mitunter werden auch *W.C., water* oder *retretes* verwendet.

In größeren Orten werden Sie genügend öffentliche Toiletten finden. In den Dörfern ist es am einfachsten, die Toilette in einem Café oder einem Restaurant zu benutzen. Man erwartet aber von Ihnen, daß Sie ein Getränk bestellen oder sonst etwas verzehren.

Wo sind die Toiletten? ¿Dónde están los servicios?

TRINKGELDER. In Restaurants und Hotels ist die Bedienung im allgemeinen inbegriffen. es steht Ihnen also frei, ein zusätzliches Trinkgeld zu geben. Üblich sind »kleine Gaben« hingegen in anderen Dienstleistungsbereichen.

Unsere Tabelle gibt Ihnen einige Anhaltspunkte:

Fremdenführer	10%
Friseur	10%
Hoteldiener	50 Ptas. (z. B. pro Gepäckstück)
Kellner	10% (wenn Sie besonders zufrieden waren)
Taxifahrer	10%
Toilettenpersonal	25–50 Ptas.
Zimmermädchen	100–200 Ptas. (für Sonderleistungen)

UMGANGSFORMEN. Siehe auch Sprache. Höflichkeit und Freundlichkeit im Umgang mit den Mitmenschen werden in Spanien noch wichtig genommen. Vergessen Sie deshalb nie, mit *bon dia* (»Guten Morgen« oder »Guten Tag« auf katalanisch) und später am Tag mit *bona tarda* (»Guten Tag«, »Guten Abend«) zu grüßen, selbst wenn Sie nur nach dem Weg fragen oder ein Getränk bestellen. Verabschieden Sie sich immer mit einem freundlichen *adéu* (»Auf Wiedersehen«).

Wenn der Abend zu Ende ist, sagt man allerseits *bona nit* (»Gute Nacht«).

Und damit man Sie als höflichen Menschen erkennt, sollten Sie allen Bitten und Wünschen ein *si us plau* (»Bitte«) voranstellen.

U Und schließlich sollten Sie die eher gemächliche Lebensweise der Spanier respektieren und sie sich während der Ferien selber zu eigen machen. Drängen und Hasten sind hier – und in ganz Spanien – fehl am Platze. Siehe auch SIESTA.

W **WASSER** *(agua)*. Spanier trinken fast nie Leitungswasser, sondern praktisch nur Mineralwasser. Es ist durchaus üblich, sich Wasser aufs Zimmer bringen zu lassen. Wenn Sie besonders empfindlich sind, sollten Sie beim Bestellen auch Eiswürfel in Getränken ablehnen. Geschmack und Qualität des Leitungswassers sind von Ort zu Ort verschieden, während das in Flaschen abgefüllte Tafelwasser immer gut und preiswert ist.

eine Flasche Mineralwasser mit/ohne Kohlensäure	**una botella de agua mineral con/sin gas**
Ist das Wasser trinkbar?	**¿El agua es potable?**

Z **ZEITUNGEN und ZEITSCHRIFTEN** *(periódico; revista)*. Während der Saison sind die überregionalen deutschsprachigen Zeitungen sowie Zeitschriften meist am Tag ihres Erscheinens erhältlich.

Haben Sie deutschsprachige Zeitungen?	**¿Tienen periódicos en alemán?**

ZIGARETTEN*, ZIGARREN, TABAK *(cigarrillos, puros, tabaco)*. Die meisten spanischen Zigaretten werden aus sehr starkem schwarzem Tabak *(negro)* hergestellt und haben einen hohen Nikotingehalt. Aber es gibt auch »Blonde« *(rubio)*. Importierte Zigaretten kosten etwa dreimal soviel wie einheimische Marken. Aber: Ausländische Marken, die in Spanien in Lizenz produziert werden, können unter Umständen billiger sein als zuhause. Zigarren von den Kanarischen Inseln sind ausgezeichnet, kubanische überall erhältlich. Einheimischer Tabak ist eher herb.

Die Tabakindustrie ist Staatsmonopol; die staatliche Tabacalera S.A. beliefert ihre offiziellen Geschäfte *(tabacos)*, die die Tabakwaren verkaufen dürfen. Tabakläden verkaufen oft auch Briefmarken.

Eine Schachtel.../Streichhölzer, bitte.	**Un paquete de.../Una caja de cerillas, por favor.**

ZOLL und PASSFORMALITÄTEN *(aduana)*. Staatsangehörige der Bundesrepublik, Österreichs und der Schweiz brauchen für die Einreise nach Spanien einen Paß oder Personalausweis bzw. eine Identitätskarte. Die normale Aufenthaltsdauer für Touristen beträgt drei Monate, für eine Verlängerung brauchen Sie einen Reisepaß.

Zollfrei können Sie nach Spanien (bzw. in Ihr Heimatland) einführen:

nach:	Zigaretten	Zigarren	Tabak	Spirituosen	Wein
Spanien	1) 200 oder 2) 300	50 oder 75	250 g 350 g	1 und 1,5 und	2 l 5 l
BRD	3) 200 oder 4) 300	50 oder 75	250 g 400 g	1 und 1,5	2 l 5 l
Österreich	200 oder	50 oder	250 g	1 und	2 l
Schweiz	200 oder	50 oder	250 g	1 und	2 l

[1] bei Einreise aus Nicht-EG-Ländern
[2] bei Einreise aus EG-Ländern
[3] bei Einreise aus Nicht-EG-Ländern oder für Einreise aus EG-Ländern mit zollfrei gekauften Waren
[4] bei Einreise aus EG-Ländern mit *nicht* zollfrei gekauften Waren

Devisenbeschränkungen. Für die Einfuhr von ausländischer und spanischer Währung bestehen keine Beschränkungen, doch es dürfen nicht mehr als 100 000 Peseten und Devisenbeträge im Gegenwert von mehr als 500 000 Peseten ausgeführt werden. Wenn Sie größere Summen mit sich führen, ist es ratsam, diese bereits bei der Einreise zu deklarieren.

Ich habe nichts zu verzollen.	**No tengo nada que declarar.**
Das ist für meinen persönlichen Gebrauch bestimmt.	**Es para mi uso personal.**

TAGE

WOCHENTAGE

Sonntag	**domingo**	Donnerstag	**jueves**
Montag	**lunes**	Freitag	**viernes**
Dienstag	**martes**	Sonnabend	**sábado**
Mittwoch	**miércoles**		

MONATE

Januar	**enero**	Juli	**julio**
Februar	**febrero**	August	**agosto**
März	**marzo**	September	**septiembre**
April	**abril**	Oktober	**octubre**
Mai	**mayo**	November	**noviembre**
Juni	**junio**	Dezember	**diciembre**

ZAHLEN

0	**cero**	18	**dieciocho**
1	**uno**	19	**diecinueve**
2	**dos**	20	**veinte**
3	**tres**	21	**veintiuno**
4	**cuatro**	22	**veintidós**
5	**cinco**	30	**treinta**
6	**seis**	31	**treinta y uno**
7	**siete**	32	**treinta y dos**
8	**ocho**	40	**cuarenta**
9	**nueve**	50	**cincuenta**
10	**diez**	60	**sesenta**
11	**once**	70	**setenta**
12	**doce**	80	**ochenta**
13	**trece**	90	**noventa**
14	**catorce**	100	**cien**
15	**quince**	101	**ciento uno**
16	**dieciséis**	500	**quinientos**
17	**diecisiete**	1000	**mil**

EINIGE NÜTZLICHE AUSDRÜCKE

ja/nein	sí/no
bitte/danke	por favor/gracias
Verzeihung/gern geschehen	perdone/de nada
wo/wann/wie	dónde/cuándo/cómo
wie lange/wie weit	cuánto tiempo/a qué distancia
gestern/heute/morgen	ayer/hoy/mañana
Tag/Woche/Monat/Jahr	día/semana/mes/año
links/rechts	izquierda/derecha
hinauf/hinunter	arriba/abajo
gut/schlecht	bueno/malo
groß/klein	grande/pequeño
billig/teuer	barato/caro
heiß/kalt	caliente/frío
alt/neu	viejo/nuevo
hier/dort	aquí/allí
frei/besetzt	libre/ocupado
früh/spät	temprano/tarde
leicht/schwierig	fácil/difícil
geöffnet/geschlossen	abierto/cerrado

Wo sind die Toiletten?	¿Dónde están los servicios?
Kellner!/Kellnerin!	¡Camarero!/¡Camarera!
Ich hätte gern…	Quisiera…
Wieviel kostet das?	¿Cuánto es?
Haben Sie etwas Billigeres?	¿Tiene algo más barato?
Muß man Eintritt bezahlen?	¿Se debe pagar la entrada?
Wie spät ist es?	¿Qué hora es?
Spricht hier jemand Deutsch?	¿Hay alguien aquí que hable alemán?
Ich verstehe nicht.	No comprendo.
Bitte schreiben Sie es auf.	Escríbamelo, por favor.
Bitte helfen Sie mir.	Ayúdeme, por favor.
Holen Sie einen Arzt – schnell!	¡Llamen a un médico, rápidamente!

Register

Ein Stern (*) hinter einer Seitenzahl verweist auf eine Karte. Fettgedruckte Seitenzahlen kennzeichnen den Haupteintrag. Ein Register der Praktischen Hinweise finden Sie vorne auf der inneren Umschlagseite.

Agulló, Ferrán 6, 45
Aiguablava 18*, 32*, **36,** 37
Alfons XIII. 15
Andorra 59, 60*, **64–65**
Andorra La Vella 60*, 65
Archäologie (siehe auch Museo, Römer usw.) 20, 21, 39, 57, 58, 59, 68
Architektur (siehe auch Església, Mauren usw.) 21, 27, 31, 44, 55, 57, 61, 69, 70

Banyoles 59–61, 60*
Banys àrabs (Girona) 54*, 56
Barcelona (siehe auch Església, Museu usw.) 66*, 67–72
Barri
  de la Catedral (Girona) 55
  Chino (Barcelona) 72
  Gòtic (Barcelona) 67–70
Begur 18*, 32*, 36–37, 60*
Besalú 19*, 60*, 61
Bisbal, La 40, 60*
Blanes 18*, 44*, 51–53, 60*
Bootssport 74, 88
Burgen (siehe auch Castillo und unter Ortsnamen) 28–29

Cadaqués 19*, 22–23, 25*, 60*
Caldes de Malavella 18*, 45–46, 60*
Calella 18*, 32*, 39, 60*
Camí de Ronda (S'Agaró) 43
Camprodon 60*, **61–62,** 64
Casa de la Ciutat (Rathaus, Barcelona) 66*, 71

Castellfollit de la Roca 61
Castelló d'Empúries 19*, **26–27,** 85
Castillo
  Begur 36
  Requesens 19*, 28
  Sant Salvador 25*
  Torroella de Montgrí 19*, 32*, 34–35
Catedral
  Girona 55–56
  Santa Eulalia (Barcelona) 67
Cova d'en Gispert 36–37
Cruïlles 18*, 40

Dalí, Salvador 8, 22–23, 28–30, 89

Einkaufen (siehe auch Mercado) 40, 58, 64–65, 82–85
Empuria-brava 25*, 26
Empúries (Ampurias, siehe auch Museu) 10, 19*, 31–32, 57
Ermita de Sant Elm 44*, 45
Escala, L' 19*, **31,** 32*, 32, 60*
Es Codolar (Bucht) 48
Església
  Sant Fèlix (Girona) 54*, 56
  Sant Martí (Palafrugell) 40
  Santa Maria (Besalú) 61
  Santa Maria (Blanes) 53
  Santa Maria del Mar (Palamós) 41–42
  Sant Romàn (Lloret de Mar) 50
Estartit, L' 19*, 32*, 34–35, 60*

Ferdinand (siehe Katholische Könige)
Fiesta 86–87
Figueres (siehe auch Museu) 19*, 28–30, 60*
Flamenco 80

Gaudí, Antoni 72
Generalitat (Barcelona) 70
Girona (siehe auch Església, Museu usw.) 14, 18*, 54*, **54–58**, 59
Griechen 10, 24, 31, 32

Hostalric 53, 60*
Hotels (siehe auch Paradores) 43

Iberer 10, 39
Illes (Inseln)
  Formigues 32*, 39
  Medes 19*, 34, 60*
Indianos 36, 52
Isabella (siehe Katholische Könige)

Jachten (Häfen) 26, 44
Jonquera, La 19*, 28, 60*

Karl der Große 11, 44, 55, 56
Kastilisch (siehe Spanisch)
Katalanisch (Sprache) 7, 14
Katalonien 7–9, 12–16, 59, 62, 70
Katholische Könige 11, 13
Kirchen (siehe Església)
Kolumbus, Christoph 13, 69, 71, 72
Küche 41, 49, 62, 71, **90–96**

Llafranc 18*, 32*, 39, 60*
Llançà 19*, 19–20, 25*, 60*
Lloret de Mar 18*, 44*, 48–51, 60*

Madremanya 18*, 40
Marimurtra (Gärten) 44*, 52–53
Märkte (siehe auch Mercado/Mercat) 34, 39, 50, 85
Mauren 10–13, 44, 62
Mercado/Mercat
  Palafrugell 40
  Sant Josep (Barcelona) 72
  Torroella de Montgrí 34
Monestir (Kloster)
  Sant Joan de les Abadesses (Ripoll) 62
  Sant Pere (Besalú) 61
  Sant Pere (Camprodon) 62
  Sant Pere de Galligans (Girona) 57, **89**
  Sant Pere de Roda 12, 19*, **20**, 25*
  Santa Maria de Ripoll 62–63
Monte Vedera 20–21
Museu
  Arqueològic Provincial (Girona) **56–57**, 89
  Arqueològic (Empúries) **33**, 89
  Arqueològic (Banyoles) 59
  Arqueològic (Barcelona) 32
  de la Catedral (Barcelona) 68
  de la Catedral (Girona) 56, **89**
  Cau de la Costa Brava (Palamós) 42
  d'Història de la Ciutat (Barcelona) 66*, 68
  de la Ciutat (Girona) 54*, **55**, 89
  Col·lecció d'Automòbils de Salvador Claret (Sils) 46
  de l'Empordà (Figueres) **30**, 89

REGISTER

Museu (Forts.)
  de Ripoll (Església de Sant Pere) **64,** 89
  Teatre-Museu Dalí (Figueres) **28–30,** 89
  Tossa de Mar 47

Palacio de los Obispos (La Bisbal) 40
Palafrugell 18*, 32*, 39–40, 60*
Palamós (siehe auch Museu) 18*, 32*, 40–42, 44*, 60*
Palau (Palast)
  Güell (Barcelona) 66*, 72
  de la Virreina (Barcelona) 66*, 72
Pals 18*, 32*, 37–38
Paradores 36, 37
Passeig de Mar (Sant Feliu) 45
Passeig Verdaguer (Lloret de Mar) 49
Pedralta 44*, 45
Peratallada 18*, 38–39
Peralada 19*, 27–28
Platja d'Aro, La 18*, 43, 44*
Platja de Pals 18*, 32*, **38,** 75
Porqueres 61
Port de la Selva, El 19*, **20,** 21, 25*
Portbou 17, 19*, **19,** 25*, 60*
Portlligat 19*, 22–23, 25*
Porta Ferrada (S'Agaró) 44
Primo de Rivera, Miguel 15
Pyrenäen 18, 59

Rambla, La (Barcelona) 66*, 71–72
Restaurants 49, **92**
Ripoll (siehe auch Museu) 60*, 62–64
Río/Riu (Fluß)
  Fluvià 18*, 31, 60*, 61
  Onyar 18*, 54*, 54, 58
  Ritort 62
  Ter 18*, 32*, 34, 54, 60*, 62
  Tordera 7
Romanische Straße 59, 62
Römer 10, 31, 46, 47, 61
Roses 19*, **24,** 25*, 26, 27, 60*

S'Agaró 18*, 43, 44*
Sant Antoni de Calonge 18*, 43, 44*
Sant Feliu de Guíxols 18*, 43–45, 44*, 60*
Sant Martí d'Empúries 19*, 31–32
Sant Martí Vell 40
Sant Miquel de Fluvià 19*, 31
Sant Pau de Segúries 62
Sant Pere Pescador 19*, 31
Santa Cristina (Bucht) 50–51
Selva de Mar, La 19*, 20, 25*
Sils (siehe auch Museu) 18*, 46, 60*
Spanisch (Sprache) 7
Strände (siehe unter Ortsnamen)

Tamariu 18*, 32*, 39
Torre del Fum (S'Agaró) 44
Torroella de Montgrí 19*, 32*, 34–35, 60*
Tossa de Mar (siehe auch Museu) 18*, 44*, 46–48, 60*

Ullastret 18*, 39

Vilajuiga 19*, 21
Vila Vella (Tossa de Mar) 47–48

Wasserski 61, 75
Wein 20, 40, 92, 93, 94–95

139/110 SUD 10